喜力

KIRYOKU

誰もが秘めている
幸運体質になるための
凄いパワー

越護啓子
KEIKO ECHIGO

かざひの文庫

はじめに　～喜びのチカラ「喜力」～

皆さんは「喜力」という言葉をご存じでしょうか？

おそらくほとんどの方がご存じない言葉だと思います。

タイトルを見て「〝喜力〟って何だろう…？」と思わず手に取って頂いた方もいるかもしれません。

それもそのはず、辞書はもちろん、インターネットなどで検索しても「喜力」という言葉は見つかりません。


「喜力」


それは文字通り「喜ぶ力」です。

喜ぶこと、喜びを見出すこと、喜びを感じること、喜びを意識することで、心の底から湧き上がってくるチカラ。

それが「喜力」。

それは人間誰しもが本来秘めている生きるためのパワーの源泉。

生きるための免疫力、自然治癒力を高めてくれるチカラ。

〝生きるためのチカラ〟を呼び起こしてくれるチカラ。


「喜力（ウイリング・パワー）」


あえて心理学的な言葉に置き換えれば、「自己実現・内発的動機づけ・アイデンティティ」などに当たるかと思います。

人は誰もが「幸せになりたい」「幸せにしたい」「豊かに楽しく生きたい」そう思っています。そのためには「強くなりたい」と。

もちろん私も。

強くなるためには何らかのチカラをつける必要があります。

そのチカラの本質が何であるかわかれば、私たちはそれを身につけることができるはずです。

幸せになるため、幸せにするため、そして豊かに楽しく生きるため、そのために必要なチカラって一体何でしょう。

実は、そのチカラこそが「喜力」。

本来誰もが持っている、喜びのチカラ、生きるためのパワー。

そんな潜在的なチカラを積極的に引き出すことができたら、どんな素敵な人生を送れるでしょう。

……とはいえ、いきなり「喜力は幸せになるためのチカラ」なんて言われても、ほとんどの方が「？」だと思います。

私だってもし「喜力」という言葉を初めて聞いたなら「何それ？」と思いますから。

「喜ぶだけで、そんなチカラが湧き上がってくるものなの？」

皆さんの中には、そんな風に疑問に思う方もいらっしゃるでしょう。

確かに、喜ぶことで生きるためのチカラが湧いてくる、喜力は生きるためのパワーの源泉……などと言われても、何だかピンと来ませんよね。

でも「喜力」は決して不思議なチカラでも、怪しいチカラでもありません。

実は私自身、この「喜力」に救われたのですから。

ここで少し私の自己紹介をさせて頂きたいと思います。

現在、生活共感プロデューサーとして、商品開発企画や経営支援に携わり、人材育成を日本全国地域や国境離島などでサポートさせて頂いていますが、そこに至るまでの道程は山あり谷あり、自分で言うのも何ですが波乱万丈の人生を歩んできたと思います。

そんな私が奈落の底に落ちてしまったのが、今から20年ほど前。

当時映像関係の仕事をしていた私は、深い人間不信になり、金銭的トラブルも生じ、人生のどん底にいました。

「もう誰も信じられない。何を信じていいかわからない」

当時の私は、生きる意味や目的さえ見失っていました。

そのとき私の状況を知る由もない知人の紹介で出会ったのが、後の師となる広野穣先生でした。

「私なんか、価値もなく存在も必要とされていないんです」

初めて先生にお会いしたとき、人生最悪だった私は、ついそんな言葉を口にしていました。

ほどよいウエーブのかかった白髪、優しそうな眼差し、まるで仙人のように〝ここにいてここにいない〟ような、どこか次元の違うところにいるような、何とも不思議な存在感。出会ったことのないようなタイプでありながら、どこか懐かしいような。

それが広野先生の第一印象でした。

気がつくと私は初めて会った広野先生の前で、これまで私に起こった出来事について何時間も話していました。

とても我が強く、人に弱みを見せない一匹狼で生きてきた私が、まるでマジックか催眠術にでもかかってしまったかのようにペラペラと、普段決して人には話さないような身の上話をしていたのです。

まるで胸の奥にあったどす黒いものを吐き出すかのように……。

「初めてあなたが私のところに来たとき、とても大変な状況の身の上話をしながらも、まだまだ気力に満ちていて、笑顔が輝いていましたよ。私の言葉の一言一言に反応し、無邪気に歓喜していました」

後に、当時を振り返って広野先生はそう言いました。

心理学と言語学を日々研究し、一部上場会社の誰もが知る日本を代表する大企業をはじめ、幾多の企業のマーケティング、商品開発に携わり、数々のロングランヒット商品を世の中に生み出してきた〝商品開発の神様〟と呼ばれたコンサルタントの広野先生との出会いが、どん底にいた私の人生を180度変えてくれたのです。

私の心の底に埋もれていた喜力を呼び起こし、私自身も気づかぬうちに、私は先生の言葉に無邪気に歓喜していたのです。

今思えば広野先生は、師と弟子として長く接するうちに、知らず知らずのうちに、私に「喜力」という人間の根源的なパワーを教えてくださっていたのでしょう。

当時、誰も信用できずに、生きる意味や目的さえ失い、茫然自失となっていた私に〝喜ぶこと〟を思い出させ、「喜力」という生きるチカラを蘇らせてくれたのです。

あるとき、先生とこんな問答をしたことがあります。

「〝喜力〟とはどんなパワーなのですか?」

この問いかけに先生はこう答えてくれました。

「すべての原動力を喜びに置くのです。なぜ喜びの感情が現実の苦しみを克服し、解決するのか。この喜びの感情が持つ潜在的な素晴らしいパワーを〝ウイリング・パワー〟と呼ぶのです。決してポジティブだけではなく、悲しみや苦しみは喜びの必要条件でもあるのです。喜ぶチカラが私たちの生命の輝きの源泉であるということを認知することで、〝喜んでいれば何とかなるシステム〟を起動させるということです」

「喜力（ウイリング・パワー）」という言葉は、広野先生が生み出した造語です。

広野式言語は、時として難しく、私にはよく理解できないこともありました。正直言ってこのときも、よくわからなかったのです。おそらく先生には、そんな私の胸の内がお見通しだったのでしょう。「喜力」について、こう教えてくださいました。

「喜ぶチカラこそ、〝生きる源泉〟なのです」

そして先生は優しい声で言いました。

「すでに内蔵しているのですよ、誰でも」

本来、人間は誰もが〝喜ぶチカラ＝喜力〟を内蔵しているのです。

とはいえ、いくら私たちに元来備わっているチカラだとしても、そのチカラを認識してちゃんと使わない限りは何のチカラにもなりません。

見つけるか、見つけないか、意識するか、意識していないか、その違いです。大部分の方が、自分自身の中にある喜力に気づかずに、そのチカラを活かせていないのです。

「人が見ていないとき、月は存在しない」

これは量子力学の世界観を表す言葉で有名ですが、いやいや見ていなくても〝存在〟はしています。

でも、忙しいとき、道端の可愛い花は目に入らないし、怒りに取り憑かれていると、三つ星シェフのお料理もモノトーンに見えて、食べたかどうかもわからなかったり、子育てが辛いと思っていると、子供の笑顔は見えません。伴侶や子供に不満だらけでは、家族がいる有り難さ、幸せの青い鳥が見えないのです。

たくさん喜びを頂いていても、恵まれていても、不満や不満足ならば、感謝はその人には存在しません。不幸だと嘆くとき、幸せはそこにはありません。

すべては、自分がどこを見て、何を感じているか次第です。

ともすれば私たちは〝喜ぶ〟ことを避けているのではないでしょうか。

無邪気に「ありがとう」という言葉も出づらくなっているような気がします。

確かにこのご時世、世間やメディア、インターネット、人間関係などを見渡しても〝喜びの感受性〟が弱っているように思えます。

では〝喜び〟が少なくなっているかというと、決してそんなことはありません。

「喜ぶチカラが私たちの生命の輝きの源泉であるということを認知することで、〝喜んでいれば何とかなるシステム〟を起動させる」

残念なことに現実には多くの人が本来人間が持っている〝喜んでいれば何とかなるシステム〟を起動できていないのです。

いわばそれは喜力を汲み上げるポンプが動かなくなっている状態。心の蓋が締まっていて、自分自身の中にある喜びの源泉から喜力を引き出すことができていないのです。このポンプが動くようになると、自然に心の源泉から喜力がどんどん湧き上がってくるようになります。

今までの人生で大きなトラブルもなく、順調で安定した人生を歩んできた人。そういう人たちは、たぶんすでにもう意識していなくても喜力が起動しているので、この本は必要ないかもしれません。

でもそういう人は稀。たいていの人は、数々のトラブルに直面した経験を持ち、誰かを恨み、悔しい思いをし、でもその思いを表に出さずに必死に心の中に留めて苦しみ、悶々とした思いを抱えながら人生を歩んできていると思います。

「決してポジティブだけではなく、悲しみや苦しみは喜びの必要条件でもあるのです」

そうです。楽しいこと、嬉しいこと、ポジティブなことだけが喜力を起動させる要因ではありません。悲しみや苦しみ、憎しみや後悔といったネガティブな要素も喜力を起動させるための必要な原動力になるのです。

だから今、たとえ人生のどん底にいるとしても決して悲嘆にくれることはありません。

喜力を知ることで、私自身どん底から立ち直ることができたのですから。

「喜力」

この言葉は広野先生が生前、私に遺してくれた言葉です。

私がこの本を書くにあたってのキーワードとして。

「喜んでいれば何とかなる」

それが喜力の持つパワー。

「喜ぶチカラこそ、〝生きる源泉〟」

喜ぶことで生きるためのチカラを湧き上がらせる。

そのためには、今までの自分から少しだけ意識を転換する必要があります。

それは喜びを感知するためのフィルター（癖づけ）を自分に身につけることです。

毎日嫌なことのほうに捉われてしまって、〝善いこと、嬉しいこと〟を消去していくのではなく、〝悪いこと、嫌なこと〟より〝善いこと、嬉しいこと、好きなこと〟に自分の意識をフォーカスして積み重ねていく。この〝小さな積み重ね〟が「喜力」をアップし、素敵な未来へと繋がります。

〝悪いこと、嫌なこと〟にフォーカスせずに、〝善いこと、嬉しいこと〟にフォーカスして喜力を発動すれば〝幸運体質〟に自分自身を変えることができるのです。

この本では「喜力」についてご説明するとともに、喜力を発動するための具体的な方法（習慣化・癖づけ）についてもご紹介しています。

決して難しいことではありません。

「え？　こんなばかばかしいくらいシンプルなこと？」

そんな風に思うようなことばかり。

「何だかわざわざ難しく生きてきてしまった。もっと単純に、簡単に、モノの見方や考え方を変えてみればよかったのに」

気づいてみれば簡単なこと。

だって誰もが皆、もともと持っているチカラなのですから。

小さな、簡単な、誰でもできることを積み重ねていく。その習慣が「喜力」を呼び起こします。

探さなくても喜力の源泉は、いつも無尽蔵にどこどこと溢れているのです。

自分の心の在り方、捉え方、視点の違いに気づいていないだけ。

せっかく誰もが秘めている凄いパワーなのに、それを使わないのは何ともったいないことでしょう。

ぜひ皆さんもこの本をきっかけに、喜びのチカラ「喜力」を十分に発動して、「毎日幸せ!」「ありがとう」と湧き上がってくるような、より良い人生を送っていただけることを願っています。

令和5年5月吉日　生活共感プロデューサー・越護啓子

CONTENTS 目次

第1章　「喜力～ウイリング・パワー」とは？

第2章　喜力のある人、喜力のない人

第3章　喜力アップするための習慣・癖づけ

第4章 喜力をアップさせる言葉「喜力処方箋」

巻末特別寄稿 広野穣先生のこと

第1章

「喜力〜ウイリング・パワー」とは？

喜びを感じ取る〝フィルター〟をつける

「はじめに」で少しお話ししましたが、この本のタイトルでもある「喜力」とは一体何でしょう？

「喜ぶことで自分の中から湧き上がってくるチカラ、生きる源泉」

そう説明されても、たいていの方は「なんとなくわかったような気はするけど、ボンヤリしていてよくわからない」と思いますよね。

実は私もそうでした。師である広野から（※当時部下であったので、人前では「先生」をつけず「広野」と呼んでおりましたので、これ以降は同様に敬称略とさせて頂きます）喜力についての話を聞いても、わかるようでわからない、なんだか少しキツネにつままれたような思いがありました。特に心理学と言語学を日々研究していた学者でもあった広野の口から出てくる〝広野式言語〟は私には難しいものが多くて、よくわからないだらけでした。

それはこの本を手にして「喜力」という言葉に初めて触れた皆さんと一緒。私も同じように「喜力」というチカラの正体がわからないまま、広野に弟子（というか鞄持ち）として師事しているうちに、「あれ？　これって喜力なのかも…」となんとなくわかる（認知する）ようになっていったのです。

おそらく喜力とは、頭で理解するだけのものではなく、生きていく中で体験を通して自然と身につけていくことで起動するパワーだろうと思います。

そのために必要なのが〝意識する〟こと。

意識を〝喜びの方向〟に向けること。

〝喜び〟を感じ取るフィルターをつける、つまり〝癖づけ〟することで、喜力は自然に発動して、生きるチカラを湧き上がらせてくれます。

師である広野は私に、そのことを日常の会話や行動を通して、やり方・手法ではなく、生き様を背中で見せることで私を育ててくれていたのだと思います。

この章では「喜力とは何か」を私流の言葉でご説明していきますが、やはり喜力を語るうえにおいては、師であり、「喜力」という言葉の生みの親である広野の言葉も欠かせません。生前に交わした広野との対話も交えつつ、私自身がどのようにして自分の中にある喜力に気づき、喜力のパワーを発動できるようになっていったのかをご覧いただくことで、皆さんにも「喜力とは何か？」を知って頂くきっかけになればと思います。

灰色だった景色がバラ色に変わる

こんな話があります。

ある高校生の男の子が学校に行く途中に出会った女の子を好きになりました。女の子に恋した途端、その男の子は今まで灰色だった景色が一変しました。

「今までこんな花壇があるって知らなかった」

「こんなキレイな建物があるって気づかなかった」

「道端に小さな花が咲いていていて可愛いな」

いつも歩いている道なのに、まるで光が差し込んだかのようにバラ色に輝いて見えるようになったのです。

普段当たり前で気づかなかったことが、男の子の意識が変わったことで気づくようになりました。好きな女の子に出会うという〝喜び〟が、今まで気にもとめていなかった小さなことに気づくチカラを呼び起こしたのです。

皆さんにも同じような経験はありませんか？

これは一つの例ですが、喜力が生きるパワーを生み出す源になるという、わかりやすい例です。

この男の子のように、人は喜びを感じると世の中の見え方が変わります。灰色だった景色が一変してバラ色に変わります。それまでは無気力（無喜力）脳だった男の子が恋したことで〝喜力脳〟に変わり、今まで意識していなかったもの（喜び）が見えるようになりました。

おそらく男の子は好きな女の子のことを思うだけで嬉しくなって、見るからに生き生きとした喜びの表情になっていることでしょう。昨日まで変わらない日常を過ごしてどんよりとした顔をしていたのに、恋するという喜びに出会った瞬間にパッと明るい顔に変わったのです。恋をしている人の顔ってわかりますよね。

これぞまさに喜力の発動、喜びのチカラです。

男の子は女の子に恋をすることで喜力の源泉の蓋を開けました。もともと男の子の中にあったのに、それまでは気づかずに自分で蓋をしていたのです。

「ここを掘ると石油が出るよ」「ここを掘ると温泉が出るよ」と、もともとそこにあるものだとしても、それをちゃんと使わない限りは何のチカラにもなりません。

誰もが子供の頃は、小さな出来事でも嬉しいことや楽しいことがあると無邪気に喜んでいたはずです。でも大人になるにつれて、そうした小さな喜びや楽しさを忘れてしまっている。無邪気に喜べなくなってしまっている。

それは喜びの源泉から喜びのチカラを汲み上げるポンプが動かなくなっている状態。昔はちゃんとポンプが動いていたけれど、年齢とともにいろんなものが邪魔をしてポンプが動かなくなってしまった。蓋が締まって源泉がどこにあるのかわからなくなってしまった。本来は「これが楽しい」「これが大好き」っていうことを身近な出来事として感じられていたのに、いつの間にか自分自身の心が無邪気に喜ぶことを止めてしまっているのです。「喜ぶチカラが私たちの生命の輝きの源泉であるということを認知することで〝喜んでいればなんとかなるシステム〟を起動させるのです」

広野はそう言いました。

そうはいっても、日々忙しい毎日で喜怒哀楽の激しい日常の中、一体どうやって喜力の源泉を発動させればいいのか、私自身も思いあぐねていました。

その問いに対する明快な答えが、この男の子の話です。

〝誰かに恋をする〟という、人間が本来秘めている本能的な行為が、男の子の喜力を目覚めさせたのです。

恋をして無邪気に嬉しくなることで、喜びのチカラが湧いてきたのです。

「探さなくとも、喜力の源泉はいつも無尽蔵にどこどこと溢れているのですよ」

そんな広野の言葉が聞こえてきます。

恋することで男の子は意識の方向が変わったのです。それは自分の意識を〝喜変換〟できたということ。

喜力の源泉に蓋をしている人は、自分の心の在り方、捉え方、視点の違いに気づいていないだけ。

なんともったいないことでしょう。せっかく秘めているチカラなのですから、使わない手はありません。

「楽しくない」「嫌なことばっかり」なんて暗い顔して灰色の毎日を送っていないで、意識を転換して「楽しい」「嬉しい」ことに目を向けてみましょう。

自分の在り方が変われば、喜力が発動して気力が溢れてきますよ。

何しろ探さなくても、喜力の源泉は無尽蔵にどこどこと溢れているのですから。

無邪気にきゃっきゃと喜ぶ

「先生、〝無邪気〟とはどういう意味なのですか?」

あるとき私は広野にこう質問したことがあります。

すると広野からこんな答えが返ってきました。

「うん…一生懸命生きている人たちが〝あるがままで生きたい〟と、自分探しに難しくしたテーマを持つのだけれど、人によってはバックパッカーで自分探しにインドに行ってしまったりするね」

そう言ったあと、広野はこう続けました。

「実はとてもシンプル。無邪気であるかどうかなのです。実は無邪気でいればいい。それだけなのです。無邪気な自分が〝あるがままの真実の自分〟なのです」

このときも私は広野の言葉を聞いて、わかったようなわからないような、そんなふんわりとした理解しかできませんでした。

「無邪気」を辞書で調べると、「素直で邪気がないこと」「偽りや作為がないこと」「あどけなく可愛らしいこと」「無心」「天真爛漫」「天衣無縫」……といった言葉が並んでいます。

それを広野式言語で表現すると「あるがままの自分」となるのです。

無邪気という言葉を一番イメージしやすいのは〝子供が何か嬉しいことがあると無邪気にはしゃいでいる〟姿でしょう。

子供は無邪気に喜んだり、楽しんだり、はしゃいだり……どれもこれも無邪気で自然な反応をしています。それはその子の中から自然に湧き上がってくる〝ありのままの自分〟の感情。計算しない喜びなのです。

そして無邪気に喜ぶときに湧き上がってくるチカラが喜力。

子供が嬉しそうにニコニコ喜んでいると、まわりにいる人は「もっと喜ばせたい」「もっと嬉しいことをしてあげよう」と思うものです。逆に泣いたり、騒いだりしていると、なんだかこっちまでイライラしてくる。特に親子であれば余計にそうでしょう。

これも喜力の持つパワーです。自分が喜ぶこと、楽しむこと、喜ぶチカラは自分のまわりにも波及して、結果的に自分に返ってくるのです。子供であれば喜力が発動することで親の愛情をより多く受けることができるようになるでしょう。

大人も同じ。自分が無邪気に喜びを感じることで、喜びのエネルギーが波紋のように広がり、より大きなパワーとなって自分に返ってきます。それが喜力の持つ不思議なチカラ。

〝無邪気に喜ぶことの大切さ〟を私は身に染みて実感しています。それは私自身の幼少時代の経験。無邪気とは無縁に近い子供時代を過ごしたからです。

祖父母や両親から厳しく躾けられた私は、楽しいことがあってもはしゃぐと叱られるような家庭で育ちました。母が肝臓ガンという重い病気だったこともあり、学校から帰ってくると私が母の看病をしなければいけません。遊びに出ることもなく、友達と楽しく遊んで一緒にはしゃいで喜ぶようなことも、記憶にはあまりありませんでした。

世間から見れば〝いい子〟だけれど、実際にはいつも人の顔色ばかり窺って、「失敗するんじゃないか？」「怒られるんじゃないか？」と常に不安を抱えている。表面的にはいい子でも、自分の中では「これは本当の自分なの？」という葛藤を抱えているような、すごく屈折した幼少時代でした。

今思えば当時の私は〝ありのままの自分〟を押し殺して〝いい子〟に振る舞っていたように思います。具合の悪い母のために、いい子や優等生になることで、母の喜ぶ顔が見たかったから。母が喜ぶと、病の苦痛で眉間に寄ったシワが笑顔で消えるのです。それが嬉しくて仕方ありませんでした。

そんな幼少時代を過ごし、大人になってからも我が強く自分の弱みを決して人に見せない私だったからこそ、広野と出会い導かれていく中で、「無邪気」という言葉が心に響いたのかもしれません。

「無邪気に喜ぶことはね、連鎖するのだよ。子供が数人で楽しそうにはしゃいで遊んでいると、知らぬ間に仲間が集まり、何をやっているか理解するのではなく、楽しそうだから勝手に体がその方向に向かってしまう。本人は気づかないが、まずは一番最初に笑顔になっているのです」

以前、広野のチームでこんな実験をしたことがあります。

ある場所に3〜4人が集まって楽しそうにきゃっきゃと笑っていると、その場に通りすがった7割〜8割の人は「何やってるんだ？」とその様子を眺めて顔がちょっと笑っている。その人自身は気づいていなくても、はたから見るとニヤッと笑っているのです。

不思議なもので、数人できゃっきゃやっていると人が寄ってきて「何だろう？」「何やってるの？」と自然と人が集まってきます。最初3人だったのが5人になり、10人になっていく。そうして集団が10人、15人と膨らんでいくと、何をやってるかわからないけど「なんとなく楽しそう」と、まわりにいた人たちが集まってさらに集団が大きくなる。そしてその人たちの顔は「なんだかわからないけど、なんとなく楽しそう」と、本人は意識していなくても表情がほぐれて笑顔になっているのです。

子供のように無邪気にきゃっきゃと楽しそうにはしゃいでいると、その無邪気が連鎖してまわりに広がっていく。それは無邪気に喜ぶという行為が生み出すチカラ。まさに喜力そのものです。

私は喜力のことを、別名で「きゃっきゃ教」と呼んでいます。

何か嬉しいことがあれば、無邪気にきゃっきゃするのが大事。きゃっきゃしているのを見ると、なんとなくこっちまで笑顔になる。それが無邪気にきゃっきゃすることで生まれる喜びのチカラ。

親のためにいい子にする、学校の先生に褒められたいからいい子でいる、社会にとっていい人でいたいから自分を偽って生きる、そうやって本来の自分とは違う自分でいる人がいかに多いことでしょうか。もちろんそうした自分が自分自身に合っている人はいいけれど、「何かが違う」「どこかしっくりこない」と思うならば、ゾンビ化した偽物の自分でいるのはやめましょう。

広野は言いました。

「大人になると無邪気に喜べなくなり、そこから心も病んでいきます」

確かに心が病んでいる人は、笑顔もないし、善くない言葉ばかり口にしています。無邪気に喜ぶこと。無邪気に計算しないで喜ぶこと。そういう人はそばにいて気持ちのいいものです。自分のまわりに、いいスパイラルが広がっていく。喜びのチカラが広がっていく。それが自分の生きるためのチカラになる。

難しく考える必要はありません。無邪気に喜べばいいのです。今日から皆さんも、嬉しいことや楽しいことがあったときは、きゃっきゃして喜びましょう！

学びの極意は遊び

広野がよく言っていた言葉があります。

「学びの極意は遊びだ」

学校で教えられることじゃなくて、遊びながら生きるためのことを学ぶ。

遊び、それが学び。

グリコの創始者の江崎利一社長に広野がインタビューしたときのこと、広野が江崎社長にこんな質問をしました。

「社長、グリコのキャラメルはキャラメルが主役ですか？　おまけが主役ですか？」

グリコのキャラメルといえば〝おまけ〟がつきものです。様々なおもちゃのおまけがついているグリコのキャラメルは当時の子供たちに大人気で、おまけ欲しさにグリコのキャラメルを買う子もいました。そこで広野が江崎社長に「どちらが主役か」聞いたのです。

すると江崎社長はこう答えました。

「広野くんね、子供は遊びながら学び、食べながら学ぶんだ。だからキャラメルもおもちゃもどっちも主役だ」

そこから広野は「学びの極意は遊び」だと気づいたのです。

グリコのキャラメルについてくるおまけには色がついていません。肌色のおもちゃを見ると大人は「こんな簡単なものでいいの？」と思うかもしれませんが、子供たちはその肌色のおもちゃに自分なりの色をつけて遊びます。色がついていないからこそ、子供の発想が広がる、想像力が湧いてくる。あえてそういうおもちゃをおまけにつけたのです。

これぞまさに「遊びは学び」です。子供たちはグリコのおまけで遊びながら想像を膨らませて、楽しみの中で豊かな発想力を身につけていくのです。

それは子供たちにとってとても楽しいこと。グリコのおまけで遊ぶことは、子供たちの無邪気な喜びに繋がります。邪気がない喜び。計算がない喜び。おもちゃを通して遊ぶことで子供の中にある喜びの源泉から、そうした無邪気な喜びが湧き上がってくることを知らず知らずのうちに学ぶのです。

大人になるといつの間にか「無邪気に喜ぶなんて大人気ない」とか「カッコ悪い」とか、どこかで歪んだカッコをつけて、素直に喜べなくなっています。

もちろん無邪気に喜んではいけない場面もあるでしょう。たとえば重要な仕事の会議の席で無邪気にきゃっきゃされても困りますよね。それはケースバイケース。素直に喜んでいいときには無邪気にきゃっきゃと喜んでください。「恥ずかしい」から無理に喜びの感情を抑える必要はありません。素直に喜びを表現してください。

そして大事なことは、「喜ぶ」ということを意識すること。「無邪気」とか「喜ぶ」とか、そのことを普段意識していない人が多いのです。「なんだか嬉しそうね」と人から言われて気づくだけ。自分では意識していないのです。

「喜んでいる自分」を意識しましょう。意識することで「喜ぶ」ことの癖づけになります。「今自分は喜んでいるんだ」と認知するフィルターをつけることで、喜力の源泉を見つけやすくなります。

喜ぶものを増やすと、嫌なものは弾かれる

今から18年ぐらい前、広野について、地方のアパレル店の経営の立て直しのお手伝いをしたことがあります。

見るからに閑散とした商店街にあるそのお店は、店主のおばあちゃんが頑張って50年間もお店を続けている街の洋品店。

地元の人に愛された地域密着型のそのお店も、地域経済の衰退とともにご多分に漏れず売上が落ちていて、ここまでなんとかお店を守り続けてきたおばあちゃんも「もう無理。お店をたたみたい」と弱音を吐いていました。

ご縁があって経営の立て直しを手伝うことになったのですが、お店に着くと広野はまずおばあちゃんにこう声をかけました。

「ここまでやってきて素晴らしいですね！　よく頑張ってきましたね」

まず、店主として頑張ってきたおばあちゃんを褒めて、長年の苦労を労ったのです。

そこから普通のコンサルタントなら帳簿を見て「これを削減しましょう」とか「仕入れを安くしましょう」とか「人件費を削りましょう」とか、経営を圧迫しているネガティブ

な要素をカットするようなアドバイスをするところ、広野は一切それをしませんでした。

ブラウス、アクセサリー、スカート、パンツ……ずらっと商品が並んでいるのを一通り眺めてから、おばあちゃんに聞きました。

「一番売れるのは何ですか？」

「ブラウスです」

「それではブラウスの売り場を増やしましょう」

さらに広野は聞きました。

「次に売れるのは何ですか？」

「アクセサリーです」

「アクセサリーの売り場も増やしましょう」

普通なら売れない商品を減らそうとするところ、売れている商品を増やすことを提案したのです。

それはつまり暗い方向ではなく〝明るい方向〟のアドバイスです。

「売れる商品の売り場を増やすと、売れない商品は勝手に売り場から出ていきますよ」

そうです。売れない商品を減らすのではなく、売れている商品を増やすのです。そうすればお店のキャパシティは決まっている以上、結果的に売れない商品は減らせることになります。暗い発想から明るい発想への変換です。

売上を増やしたいと思うと、どうしても「あれも売りたい、これも売りたい」となってしまいます。既存のお客さんだけでなく「新しいお客さんを増やしたい」と思うがゆえに、売れない商品まで仕入れて、結果的に経営を圧迫してしまいます。

でもお店には昔からついているお客さんがいるのです。そのお客さんにあと＋1000円、＋2000円買ってもらうだけでいい。ブラウスが一番売れているならば、ブラウスの種類が増えたら2枚買っていくお客さんも出るようになる。そのブラウスに合うアクセサリーも買っていくようになる。そうすれば自然に売上が増えていく。悪いところでなく、善いところを見ること。

「とにかくそれをやってみましょう」

広野の提案に最初は半信半疑だった店主のおばあちゃんも、「お客さんが必ず喜んでくれます」という広野の力強い言葉に動かされてアドバイス通りにやってみることになりました。

「これでもし売上が上がらなかったら、何を言われるかわからない…」

本音をいえば、内心では不安でした。師の提案にも関わらず、「本当にこれで大丈夫なのかな？」と私はどうなるのか心配だったのです。

そんな私の心配は杞憂に終わりました。

3か月後の売上は35％アップ。提案通りブラウスとアクセサリーの売上が伸びたことで、見事にお店を立て直すことに成功しました。

キャパが決まっている以上、良いものを増やせば、悪いものが弾かれて出ていく。

お店に限らず、子供の育て方もそう。

悪いところばかり見て直そうとするから上手くいかない。逆に良い部分を見て伸ばしてあげるようにすれば、悪い部分が自然に消えていく。

人の心も同じです。

与えられた同じ時間の中、良いこと、嬉しいことにフォーカスすれば、悪いこと、嫌なことは見えなくなります。喜ぶものを増やすと、嫌なものは弾かれる。

喜力をアップするには〝喜び〟に心の焦点を合わせて意識するようにしましょう。

喜力がアップすると、嫌なネガティブ要素が自然に淘汰されて、生きるチカラがアップしますよ。

褒められたら素直に喜んで「ありがとう」

品川にあった広野のオフィスは会社というより師の寺子屋のような、書斎のような空間で、大手企業の経営者クラスやクリエイター、広告代理店、人材育成会社などの錚々たる経営者や幹部たちが毎日のように様々なテーマに応じた勉強会に通ってきました。

私はお茶くみと鞄持ち、丁稚奉公みたいなものでしたが、そうした人たちに混じって勉強会に参加したり、出張や講演会のお供をしたりと、広野の身近で常に師の言葉を書きとめたりして、今まで触れたことがない学びの世界に身を投じていました。何もかもが今まで私が経験したことがないことばかり、世の中が嫌になっていた私に広野の言葉は深く染み渡りました。

広野の会社に行き、広野について弟子となってからも、しばらく私は人間関係に悩み、裏切られた過去を断ち切れず、人を信じられずにいました。一度絶望という逆境を味わってしまったことで、自分に対する自信もすっかり失い、自分の中に湧いてきてしまう憎悪と罪悪感との闘いはしばらく続いていたのです。

そんな悶々とした毎日を送っていた私ですが、広野のもとを訪ねてくる方々の中には、そんな私のことをときどき褒めてくださる方もいました。広野の言葉を一字一句聞き逃すまいと熱心にメモしていた私を見て「真面目で一生懸命な弟子だ」と好感を持って頂いたのかもしれません。折に触れて私にお褒め言葉をかけてくれる方がいたのです（※広野はよく「お褒め言葉」と表現していました）。

そうしたお褒め言葉に対して、当時の私は頑なに拒否していました。いくら褒められても嬉しいと感じられないのです。自信を失い、人を信じることができなくなっていた私は、どんなに褒められてもその言葉を信じられず、素直に「ありがとうございます」という言葉が出てきませんでした。

「いえいえ、私なんて…」

「とんでもない。そんな人間じゃありませんから…」

褒められても素直に「ありがとう」と言えない私を見て、相手の方はどんな思いだったのでしょうか。きっと嫌な気持ちになったことでしょう。

「せっかく褒めてるのに、何で素直に喜んでくれないんだろう」

「なんてひねくれたやつなんだ」

そんな風に思ったかもしれません。

そんな私の様子を見ていた広野は、あるときじっと私を見て「とほほほ」とため息をつきながら言いました。

「越護さん、何であんなに褒めてくれてるのに〝ありがとう〟が言えないのですか？」

その問いかけに私は少し首を振りながらこう返しました。

「嬉しいですけど、私そんな人間じゃないし、そこまでできてないですから。皆さん、リップサービスで褒めて頂いただけですから」

すると広野は少し困ったような顔で私を見ながら、

「一生懸命あなたのことを〝凄いね〟って心から思って言ってることを、その真実の言葉を否定しているんだよ、あなたは。それはひどくないかい？」

それでも頑固な私が「いやでも先生、本当に私、あんな風に褒めてもらうような人間じゃない」と否定すると、広野は「わかったわかった」と、半ば呆れたような顔。

「素直に〝ありがとう〟と言っておけばいいと思いますが、それもあなたの真面目で嘘をつけない性格ゆえですね」

そう言って私の我の強さを否定せず褒めてくれたあと、ゆっくりと諭すようにこう言いました。

「ではこうしてみてはどうでしょうか？　今度褒められたときには、その相手はあなたの〝未来の予言者〟と思って受け入れてごらんなさい。人に褒められたらリップサービスとひねくれないで素直に信じなさい。その人の言葉ではなく、お天道様の応援未来メッセージなのだから。そしたら嬉しいから笑顔になって、素直に〝ありがとう〟と言えるでしょ？」

そのとき私は広野の言葉をちゃんと理解できていたかどうか自信はありません。でも広野のもとに通うようになって以来、「ガタガタ言いたくても、まずはやってみる」癖づけの効果が出始めていたので、「わかりました！」と即実行してみました。

すると間もなく〝未来の予言者から私へのメッセージ〟フィルターのお陰で、「そうか、予言なのか」と思うようになり、素直に「ありがとうございます」「嬉しいです」と満面の笑顔で自然に受け入れられるようになったのです。

相手を受け入れ認めることで、自分も変われました。それまでの私は人からの好意も受け入れらないような荒んだ心の人間になっていました。謙虚だとか控えめだとか、そうした日本人特有の変な勘違いを盾にして、相手を拒絶するという自分の行為を正当化していたのです。

「褒められて拒否していた私は、なんてつまらない人間だったろう」

広野の言葉で、それまで私の中で凝り固まっていた何かがどんどん溶けていくような感覚がしました。〝褒められる〟という人からの好意に対しても〝喜び〟を感じられないような心になっていたのだということに気づきました。

褒められたら〝自分にとっての未来の予言者〟だと信じ、無邪気に喜んで「ありがとうございます」と言う。そんな私を褒めた相手は私に好感を持つでしょうし、反対に私が褒める側の立場だとすれば、そう思うはず。

当時の私は何もわかっていなかったのです。挫折と無気力から誰も信じられなくなり、すべてが〝敵〟に見えていました。それまでも多くの人に助けて頂いていたはずなのに……。申し訳ないことに、悪いほうへ悪いほうへ意識をフォーカスしてしまっていたのです。おそらく精神的にも被害妄想に陥っていたのかもしれません。広野の言葉は私に一筋の希望の光を差し込んでくれたのです。

自分の心に壁を作り相手を拒絶していた自分から、相手の言葉を受け入れて認知するという方向へ変換したことで、私の中にあった喜力の源泉が息を吹き返したのでしょう。人の言葉に喜びを感じられるようになるとともに、私の中にあった憎悪や罪悪感も次第に薄れていき、再び人を信じられるようにもなっていきました。これも私の中に埋もれていた喜力が発動したから。

そして、ちょうどその頃、人に褒められて素直に「ありがとうございます」と言えるようになった頃からです。私に講演会やセミナーなどの仕事が入ってくるようになったのは。

それは決して偶然ではなく、今まで相手の好意を拒絶していた私が、相手を受け入れられるように変わったからでしょう。相手を受け入れられ認知できるようになると、それまで相手と隔たりを作っていた壁が取り払われ、そうした仕事も私のもとに来るようになったのです。

基本は皆さん、人に褒められても「私はそんな人間じゃない」と思いがちです。

それはもうすぐにやめましょう。本当にもったいないことです。

「そうか、私って人前でハツラツとして見えるんだ」

「普段の私は明るく見えてるんだ」

「優しいオーラが出てるんだ」（オーラが何だかはどうでもいいのです）

褒められたら、言われたことを受け入れて「ありがとう」と言えばいいのです。「そうか、私ってそうなんだ」と思い込めばいいのです。素直に嬉しいと受け入れることで自分の中の喜力がアップします。

広野のお陰で、今では人から褒められると素直に嬉しいと思えるようになり、「ありがとう」と自然に心の中から湧き出てくるようになりました。

それどころか心の中では「そうでしょ、そうだよね。もっと言って」と、あの頃の私からは想像できないほど図々しく成長していますけど……。

自分の奥にある「ありがとう」の振動

「ありがとう」の語源は、仏教で言う「人間に生まれることは〝有る〟ことが〝難しい〟ことだ」ということから来ていると言われます。

人様に助けて頂いたりすることも〝有る〟ことが〝難しい〟から「有り難い」となるのだそう。

そうした難しい語源の話など知らなくても、「ありがとう」という言葉は言われたほうも言ったほうも、お互いを幸せな気持ちにする言葉です。それはお互いの喜力もアップさせる言葉。

だからでしょう、「ありがとう」「ついている」などの言葉が大事で、「あえて口に出して言いましょう」というような啓蒙書も世の中には溢れているのを目にします。世の中には「ありがとう」と言うことを、それこそ〝有り難い〟とする「ありがとう教」のような傾向が溢れているように思います。

もちろん、そうした形式から入ることで形状記憶するように癖づけることも大事かもしれません。〝言霊〟という言葉もあるように、「ありがとう」「嬉しい」「ついている」という言葉を出し続けていくことで自然に本人の意識が善い方向に向かうこともあるでしょう。制服を着るとそれらしくなっていくように、そうした言葉も口に出しているうちに、ある程度は自分の中で身につくでしょう。

もちろん脳にインプットするためには「ありがとう」と言い続けることも大事かもしれません。でも人から「〝ありがとう〟って言いなさい」と言われて、毎日「ありがとう」と言ったからといって上手くいくかというと、なかなか難しかったりします。

それは自分の内側から自然と湧き上がってくる「ありがとう」ではないからだと思うのです。表面的に取ってつけたような「ありがとう」です。「ありがとう」「嬉しい」という思いは本来自分の中にあるもの。外に求めなくていいのです。

その自分の中にある〝ありがとうの源泉〟が「喜力」。

「ありがとう」「嬉しい」「ついている」などの言葉を意識するのではなく、それらの言葉の出てくる〝源泉〟を意識することが大事です。

それは広野式言語で言うとこうなります。

「その言葉が出る前のもっと奥から響き出る〝振動〟を意識する」

言葉という〝形〟から癖づけすることも大事だけれど、言葉になる寸前の自分から発信する〝振動〟を意識する。

では〝振動〟とはどんなものでしょうか。

表面的なものではなく、もっと自分の奥から発信するエネルギー（源泉）。それは振動というより〝波動〟かもしれません。

人は言葉にする前から、その人の中の振動ですでに「ありがとう」と発信しているのです。「ありがとう」の振動（波動）があって、後から言葉が勝手に出てくる。その振動こそが喜力の源泉です。

だからどんなに「ありがとう」と言われようと、なんとなく言っていることに疑問を感じることもあれば、口は悪いけどその人の言葉が嬉しく感じたりするのは、その言葉が出る前のその人の奥から発信される振動をこちらがちゃんとキャッチしているから。

最も意識すべきは、「ありがとう」の言葉以前の〝振動〟。それはまさに〝喜力の源泉〟です。「ありがとう」「嬉しい」「ついている」と呪文のように繰り返し口から出してカタチから入ることも一つのやり方です。でも本来の「ありがとう」は、自分の内側から湧き上がってくる言葉。「ありがとう」と言葉に出すことでカタチから入るのではなく、「ありがとう」と言える喜びを感じる感受性を培うこと。自分の中から自然に湧き上がってくる喜びのチカラを高めること。

「いい財布を持つとお金持ちになれる」なんて本に書いてあるからと、いい財布を買うのもいいですが、そんなことをしなくてもお金持ちになれる人はいます。意識して「ありがとう」と言おうとしなくても、喜びを感じる感受性が高まれば、自然に口を突いて出てくるようになるのです。

私たちは誰もが自分の中に喜力の源泉を持っています。でも余計なものが邪魔して、その源泉に気づかないだけ。余計なものを取り払うには、邪気を捨てて〝無邪気に喜びを感じる〟こと。

最も大事なのは、自分の〝在り方〟。些細なことでも素直に喜ぶ自分になることです。

そして言葉尻に左右されるのではなく、その人の言葉ではないもっと奥のパワーを感じ取れるように自分のアンテナも磨いておかないといけません。それもまた喜力アップに繋がります。

無邪気な「嫌」は喜力と同じ

人に褒められたら、素直に「ありがとう」と言う癖づけをしているとき、広野から一つ注意されたことがあります。

「もしあなたが〝嫌いだ〟〝嫌だな〟と思う人から褒められたら、それは受け取らなくていいですよ」

私が〝嫌い〟と感じているということは、無意識に防衛本能が働いているからなのだそう。

「だからその〝嫌〟は信じたほうがいいのです」

嫌いな人にまでニコニコして「ありがとう」と言ってしまうと、相手はどんどん自分に近寄ってくるようになってしまいます。

「生理的に〝嫌だな〟と思う人は〝あ、これはリップサービスだな〟と思うようにして、あなたから遠ざけるようにすればいいのです」

広野はそう教えてくれました。

「喜ぶ」だけが無邪気ではありません。「嫌だ」と思うことも無邪気です。「何か嫌だから、これ食べたくない」とか「なんとなく嫌な人だな」とか、自分の中から自然に湧き上がってくるそうした感情も邪気がない無邪気。

大人になると「そんなこと思っちゃいけない」なんて、嫌な人とも上手くつき合おうとするけれど、変に取り繕うとせずに自分がそう思ったことは臥せてはいけません。「なんとなく嫌な人だな」とか「この人、生理的に受けつけないな」とか、そう感じたなら「なぜそのとき〝嫌だ〟と思ったのか」を意識しておくことです。

表面的にはクールにつき合えばいいだけで、「嫌だ」と感じた思いは意識して覚えておく。そうすることで、あとで気づいたら「あの人と仲良くしなくてよかった」という場面が出てきます。たとえば親しくつき合っていたら金銭的に迷惑をかけられていたとか騙されるところだったとか。不思議なもので無邪気に「嫌だ」と感じたことは、あとになって正しいことが多いのです。

それは生物学的にいうと、人間が本来持っている生きるための防衛能力だったり危機回避能力だったり、そうした本能的なもの。声や匂いで自分にとって危険なものを選別する動物的な本能が本来人間には備わっているはずです。でも社会に適合していく中で偽りのゾンビ化した自分になってしまうことで、本来持っているはずの危機管理能力も発動しづらくなっています。

それは喜力と同じ。喜力も本来持っているチカラなのに、喜びを感じられないようになっているから発動しない。危機回避力も「嫌だ」と感じたのに、その感情を抑えて無理やりにでも仲良くしようと思うから発動しない。

実は〝無邪気にきゃっきゃ喜ぶ〟ことと〝無邪気に嫌だ〟と思うことは根っこは同じです。「この人、危機管理がしっかりしてるな」という人は、いつも無邪気。邪気がないから本能的に危険を察知できる。

無邪気にきゃっきゃしてる人は生きるチカラが強いのです。喜力がアップすると、避けなければいけないものも自然に淘汰されるようになりますよ。

〝無喜力脳〟から〝喜力脳〟に

人は生きていく中で必ず悪いことが起きてきます。誰もが嬉しいことばかりではありません。その悪いことに面と向かって、それすら喜びだと感じることなどなかなかできませんし、そんなことをする必要もありません。人間が生きていくにはきれいごとばかりではないのです。

私も何度もそうした経験をしてきました。でもその経験は喜力にとっても無駄ではありません。

人間は失敗したとき、ゼロになったとき、マイナスになったとき、それを受け入れたときに「頑張らなきゃいけない」とエネルギーが出ます。「自分は不幸だ」と思うと、なかなか動き出すパワーが出ませんが、実はそうしたときこそエネルギーを溜めているとき。

ブランコも後ろに引かないと前に行きません。

弓矢も弓を後ろに引っ張らないと矢が前に飛んでいきません。

一番大変なのは、弓を後ろに力いっぱい引っ張って、的に狙いを定めて静止している瞬間。このときが一番苦しい。弓を引っ張っている腕がプルプル震えるのを我慢して、一気に解き放つことで勢いよく矢が放たれて的に向かって突き刺さる。

弓矢と同じように、自分にとって辛いこと、苦しいこと、悪いこと、そうしたこともいずれは自分のエネルギーになるのです。

そのためには悪いことも受け入れ認知すること。

「プラスになるために必要な原動力なんだ」と考えること。

そう発想を転換することで、悪いことも自分のエネルギーにすることができます。

とはいえ、辛いことは辛い、苦しいことは苦しい、悔しいことは悔しい……わかってはいるけど、そう簡単に受け入れることなどできません。

私もそうでした。人を信用して騙されて多くを失って、これ以上ないどん底を体験しました。自分で自分がわからなくなるほど辛い経験をしました。「もうあんな経験はこりごりだ。思い出したくもない」とまで思っていたけれど、広野と出会って過去を受け入れ認知することで自分が変わっていったのです。

心理学者のアルバート・エリスの創始した論理療法に「ABC理論」というものがあるのですが、これはAが〝出来事〟、Bが〝認知の仕方〟、Cが〝感情〟だとすると、Aの〝出来事〟がCの〝感情〟を引き起こすのではなく、Bの〝認知の仕方〟を修正することで、Cの〝感情〟が変わるという理論です。

難しい理論は置いておくとして、このBの〝認知の仕方〟というのが〝フィルター〟です。そのフィルターを通すことで、マイナスの出来事もプラスに変換できる。これが〝癖づけ〟です。

悪いこと、悪い出来事でも「プラスになるために必要なんだ」と変換する癖づけをしておけば、自分の栄養になります。喜力を発動するエネルギーに転換です。

マイナス思考に負変換する〝無喜力脳〟から、プラス思考に喜変換する〝喜力脳〟に。

その癖づけをしておくと、自分に起きたことに対する捉え方が180度変わります。すべてが〝喜びのチカラ〟へと変換されるようになります。

負のパワーは理屈では語れない、どうしようもない感情で覆ってきます。そのときこそ、喜力の源泉を発見するチャンス。

辛い過去、苦しい経験といった自分にとって悪いことを受け入れ認知することで、いずれはいつも湧き溢れている自分の喜びの源泉を見つけて発動することができるのだと、私も経験を通して知りました。

「決してポジティブだけではなく、悲しみや苦しみは喜びの必要条件でもあるのです」

広野はそう言いました。

人を憎んだり、罪悪感を感じたり、後悔したり……人間の持っているそうしたクズみたいなダメな部分も大事なのです。いずれそれは肥しになります。今は臭いし、ドロドロしているけれど、やがてそれを肥しにして立派な木になり、美しい花を咲かせてくれるのです。そのためのチカラとなるのが喜力です。

「喜ぶチカラ」とは、悲しみや苦しみ、憎しみといったネガティブで暗黒なパワーと真正面から向き合って無理に解消するのではなく、悲しみや苦しみ、憎しみといったものでさえ〝喜び〟の必須栄養素に変えるパワーのことなのです。

それでもどうしても辛い暗い気持ちになって、悪い方向への思考に陥ってしまう場合もあるでしょう。「自分は不幸だ」と思い込んで、暗い闇の中から抜けられなくなる。そんな自分に憂鬱になって何もやる気がしない。そんなとき、広野の教えてくれた最高の処方箋があります。

「他人を喜ばすことを毎日考えてみることです。そうしたらきっと三週間くらいで改善していきますよ。いいですか、不幸になる人は、自分のことだけを考えているんです」

自分のことばかり考えて負のパワーを背負いこまずに、他人を喜ばすことを考えてみる。そうすることで喜力が発動して〝負〟から〝喜〟に変換できる。他人の喜びも自分の喜びに繋がる。それが喜力なのです。

過去の自分を認めてあげる

ある日突然、広野が私をじっと見てこう言いました。

「相手のことは憎いだろう？　悔しいだろう？」

今思えば、自分の身の丈に合わないプロジェクトに手を出してしまった私がいけないのですが、忘れたい過去の辛い思いは拭いきれず、そんな私の心の中を見透かすように広野が聞いてきたのです。

その言葉に私は「いえ、自分が悪いのです。頑張ります」と通り一遍の答えを返したのですが、もちろん広野には私の本心はお見通し。

そこで広野から飛び出した言葉に仰天しました。

「では一緒に殺しましょうか」

そんな物騒な言葉があの上品で品格のある師の口から出てきたのです。

でも、その頃にはもう広野との謎かけのような対話に馴染んでいた私は「また何か深い意味があるのだろう」と思い、広野の問いかけに乗ってみました。

「はい、殺したいです」

正直に言えば、心底憎いと思っていた感情を一時的に隠していただけなのでしょう。本音を言えば、私を裏切った相手のことを「殺したいほど憎い」と思っていたのですから。

そんな会話をしたその日の夕方、広野から携帯にメールが入ってきました。

「さて、完全犯罪をするにはどうしたらいいかな。3つ考えてらっしゃい。明日楽しみにしていますよ」

心理学者でもある広野はまるでミステリー小説を楽しむかのように私にお題を出してきたのです。

その提案に乗って、それから私は完全犯罪を考えてみました。

ところが、完全犯罪を考えれば考えるほど、そんなことをしている自分がとても惨めになってくるのです。

それでも宿題を出された生徒の気分で考えた完全犯罪3つを翌日発表すると、広野は全部聞き終えてから言いました。

「これでは完全犯罪はできないね。一緒に考えましょうか」

それから広野と私は、どうしたら完全犯罪ができるのか、一緒になって相手の悪口や殺し方を語り合いました。

「一番恨みに思っていることは何か？」

「相手をどうやったら完璧に消すことができるのか？」

広野と私の完全犯罪計画会議は数日続きました。

するといつの間にか、相手があまりにも可愛そうになり、不思議と体のチカラが抜けて、もうどうでもよくなってきてしまったのです。

そうした私の心の変化に気づいた広野は言いました。

「自責の念や、自己否定、罪悪感が一番良くないことなのだよ。悔しい憎い気持ちも事実あるのだから、それもまずは自分でそのときの状態の自分を認知することから。否定せず、そんな自分を認めて〝それでもいいんだよ〟と言ってあげること。思い切り自分の気持ちに正直になることから、やっと先に行けることもあるのですよ」

穏やかでにこやかに語ってくれたのです。まるで神様のように。

ついさっきまで悪魔のように一緒に計画を立てていたのに……。

そのとき私は初めて他人の前で大泣きしました。

自分の過去を認めること。受け入れること。先に進むには、まずそれが大事です。自分がやってきた〝善いこと〟も〝悪いこと〟もちゃんと認めてあげることから始めましょう。

意外に皆さん、それができていないのです。無意識に現実逃避のため、性善説で自分を責めていきます。

自分の過去を認めるとは〝自分の背景を認知する〟ということ。

今まで自分がやってきた背景がないから不安になるし、これからの自分が不安で怖くて仕方ないのです。でも自分の過去を認めて、その背景から未来を見ていくと、意外に先々の不安が不思議と消えていくものです。

過去にこだわるあまり、いつまでも消えてなくならない自責の念や、自己否定、罪悪感を持ち続けることが一番良くないこと。

そのときの自分を認めてあげて、自分の気持ちに正直になること。

「それでもいいんだよ」

広野が言ったこの言葉は、今もずっと私の中で響いています。

この言葉を思い浮かべると、どんなに辛く苦しいときでも、自分を認めてあげられて、自分を励ますことができるのです。

〝相棒〟とは人を信じるチカラ

「なぜ、どこの馬の骨とも知らない私を、ここまで目にかけて、良くしてくださったのですか？」

それは私が広野にずっと聞けなかったこと。

生まれて初めて、生きる道標になる師と思える人と出会い、私の人生は180度変換しました。それまでの思い出したくもない過去でさえ、広野と出会い導かれ〝喜びのチカラ〟を知ったことで、今は愛しくさえ感じられるようになりました。

そんな私のフィルターを変えてくれた広野がガンに侵され、もう数ヶ月の命と宣告された慶応大学の病室でのこと。もう今聞かなかったら一生後悔すると思い、ずっと聞けずにいたことを尋ねたのです。

「初めてあなたが私のところに来たとき、とても大変な状況の身の上話をしながらも、まだまだ希望に満ちていて、笑顔が輝いていていましたよ。私の言葉の一言一言に反応し、無邪気に歓喜している。そんな珍客に、私の知的好奇心が動いた。そして、あのとき、もう一度私は現場に戻ってみようかと思えたのですよ」

当時、夢遊病者のようにフラフラと知人についていっただけの自分だったので、とても思いがけない言葉でした。

いい年して社会の厳しさを知らず、身の丈に合わないチャレンジをしてしまい、その結果、多くを失くし、人を信じられなくなり、「すべてがこの世から消えてしまったらいいのに」と願うくらいの挫折を味わった私は、広野と出会ったときはまさに人生のどん底にいました。そんな精神的にも肉体的にも経済的にもギリギリの状態のときに、私のその現状を知らない知人が「先生のところに行くので一緒に行かないか」と私を誘ってくれたのです。正直私は、その〝先生〟という人が、どのような人かも知らずに知人についていきました。

この出会いの日に広野から「明日うちにいらっしゃい」と思わぬ言葉をかけてもらい、藁をも掴む思いで私は広野のもとに通うようになったのです。……いえ、当時の私は藁すら掴む力も残っていなかったでしょう。どん底まで落ちたら手段を選ぶ余裕などありません。「もう底を蹴るしかない」という心境だったのかもしれません。

後日知ったのですが、広野はその頃第一線を退き、後世の育成に尽力していたのです。

「なぜ、どこの馬の骨とも知らない私を、ここまで目にかけて、良くしてくださったのですか？」

私の言葉に広野はこう返してくれました。

「あなたは勘違いをしています。あなたは私にしてもらったと言っているが、私はあなたに多くのチカラをもらった。あなたと私は相棒なんですよ」

これには驚きました。師である広野と私がまさかの「相棒」とは。ひっくり返って頭をぶつけたような衝撃でした。

「〝相棒〟という言語の由来を知っていますか？」

テレビドラマの『相棒』のファンとはいえ、その意味をまったく答えることはできません。何よりも、そんな問いが降ってくるとは思いもしませんでした。私はドラマの相棒を思い出し、その二人の刑事の関係を自分なりに慌てて解釈しようともぞもぞしていると、広野はいつものように目を細め、温かく静かに語り始めたのです。

「相棒とはね。前棒と後ろ棒のこと。江戸時代の駕籠屋の棒を前と後ろで担ぐ二人組のことなんです」

私は心の中で「えっ、まさか〝パートナー〟と言ってくださっているの？ とんでもない」と驚きました。

「では、私は前棒かな、後ろ棒かな？」

目を細めながら、いつもこうして問うてきます。

私はいつも通り根拠なき自信で言い切りました。

「先生は前棒です！　なぜなら若輩の私は先生の背中を追いかけてきたからです！」

私の言葉を聞いた広野は、ちょっと眉毛を八の字にして小さく笑いながら言いました。

「違うよ、私が後ろ棒で、あなたは前棒なんだよ」

私が〝前棒〟？　師が〝後ろ棒〟？　……それはなぜ？

「後ろ棒はね。体力はなくなってきているが、経験値があり道をよく知っている熟練者。前棒は若く勢いはあるが、道をよく知らない。だから普段は前棒に引っ張ってもらい体力消耗を温存する。そして右に曲がるときは、後ろ棒の私が体をちょっと左に傾ければ、前棒のあなたは勝手に体が右に傾き、そのまま進んでいく。そのとき前棒が、後ろ棒を疑うことなく信じているからこそ、スピードも落とさず、お客様へ不要な振動を感じさせず、快適に運んでくれる優秀な駕籠屋として認められ、常連がつくのだよ」

広野にとって私が相棒でありパートナーであるとは、それまで一度も考えたこともありませんでした。

「何よりも、前棒のあなたが、私を疑うことなく信じてくれたからだよ。相棒！」

広野の言葉に私は涙が溢れて、返す言葉も見つかりませんでした。

考えてみれば、私は社会を、人をすっかり信じられなくなり、自暴自棄になって広野のところに転がり込んできたのです。その私を、広野は時間をかけて、また人を信じられるように育ててくれていたことに、そのとき初めて気がつきました。

人を信じること、信じるチカラは大事です。

もちろん誰もかれも信じていいわけではありません。喜力が発動して喜びのパワーが湧き上がってくるようになると、「この人は信じていいのか信じてはいけないのか」の判断がつくようになります。判断するというより、自然に感じ取れるようになります。

たとえば先ほどお話しした〝褒められる〟ということに関しても、褒められたときに素直に嬉しいと思えずに「うん？　何かこの人に褒められても嬉しくないな」と感じたとすれば、それは喜力が発動して「何か嫌」と、その人のことを無意識に（無邪気に）避けるようにしているから。それはすでにお伝えした喜力が持つ危機回避パワー。喜力がアップすると、その人に対して素直に〝喜び〟を感じられるかどうかで「信じられる人」かどうかを感じられるようになるのです。

疑うことなくその人を信じられるようになること。それは言葉として発信する前の、その人の奥にある振動、波動を感じ取ることで、相手を心の底から信じられるようになること。それは喜力のなせる業。

「これを癖づけすれば、もうどん底に落ちなくてもいいのですよ。どん底は一度にしておきましょう」

そう言ってニヤリと微笑んだ広野の顔が今も思い出されます。

広野は日常を通じて知らず知らずのうちに、弟子である私に〝喜び〟を感じる癖づけをしてくれていたのです。

広野は私の中にある喜力を蘇らせてくれました。喜力の源泉を見つけるということは、私にとってはまさに暗闇の中で一筋の光を見つけることに繋がりました。喜びの源泉から湧き上がってくる喜びのチカラが、相手を信じることを思い出させてくれたのです。

この本をお読みの方の中にも、何らかの事情で相手をまったく信じられなくなっている方もいるでしょう。でも心配はいりません。

自分の中にある喜力の源泉を見つけて、喜びを感じられるようになることで、再び人を信じられるようになります。人を信じるチカラが蘇ってくるのです。

そしてそのチカラは、本来誰もが自分の中に秘めているチカラなのです。

喜力のある人、喜力のない人

喜力がある人は〝元気（元喜）〟な人

ここまで、喜びのチカラ「喜力」について、一体どんなパワーで、どうすれば発動するのかを私の体験とともにお話ししてきました。

皆さん、少しでも「喜力」についてご理解頂けましたでしょうか？

頭で〝理解〟するというより、まずは〝感じて〟頂けましたでしょうか。

喜びを感じることで、それが原動力となって、自分の中にある喜力の源泉から湧き上がってくるパワーを、きっと皆さんにも感じて頂けるようになると思います。

そして喜力のチカラが高まってくると、まるで喜力のパワーの波が広がっていくように、自然と自分の周囲に、喜力に溢れている人たちが集うようになってきます。

これは本当に不思議ですが、私自身も驚くほど、私のまわりは喜力に溢れている人たちに囲まれ、その輪がどんどん広がっていっています。おそらく喜力と喜力は引き合うように〝喜力は喜力を呼ぶ〟のだと思います。

私がいつものように好奇心を刺激されて、「面白そう」だと見切り発車のようにプロジェクトを手掛け始めると、その輪の中から私をサポートしてくれる仲間が必ず現れて助けてくれます。私一人のチカラではとても成しえなかったプロジェクトも、そうした仲間たちにいつも支えられて成功することができているのです。

「あなたは気がいい」

広野は初対面の席で私を見てそう言いました。

この〝気〟という言葉はよく聞かれる言葉です。

「気がいい人」

「気の持ちよう」

「病は気から」

普段何気なく使っている〝気〟という言葉ですが、この〝気〟を意識することで見えてくるものがあるように思えます。

「〝気〟は〝喜〟のチカラなのですよ」

広野はそう言います。

〝気力〟とは〝喜力〟のパワーからこそ湧き上がってくるのだと。

「元気は〝元喜〟。どちらが先なんだろうね」

広野との対話は毎回謎かけのよう。

「元気な人は喜ぶチカラが強いから、人に可愛がられるのです」

気がみなぎっている人は魅力的でパワーがあります。喜びに満ちた人はいつも満面の笑顔で輝きを放ち、多くの人に囲まれています。

元気（元喜）な人に出会うと、癒されるだけでなく、嬉しくてこちらまで元気になっていきます。

細胞の一つ一つがピチピチと動き始める感じさえします。

その人の近くにいるだけで、自らのパワーが湧き上がってくる気がします。

喜力がある人は〝元気（元喜）〟な人なのです。

ピンポンパンの法則

私の現在の仕事のやり方は「ピンポンパン」です。

「ピン（共感）ポン（共鳴）パン（共振）」

〝ピン〟と来たら頭で考える前に〝ポン〟と弾けるように行動して〝パン〟とプロジェクトに取り組む。

するとても私一人ではできないようなプロジェクトでも、不思議なことにミラクルなサポートが登場して、最終的にはちゃんとそのプロジェクトを成功することができる。そうした半端ない体験を今までに何度もしてきました。

この「ピンポンパン」は、奇跡が当たり前のように連鎖していきます。

報酬などの条件で動くのではなく、ピンと来た自分の感性を信じ、最優先です。どんな好条件を出されても、それだけでは心が動かないことのほうが多いので、たいていは気がついたら自分への報酬や条件など聞かずにすでに取りかかってしまっている自分に気がつくことがしばしばあります。対価が低かろうが何だろうが、全力で取りかかってしまうので、逆に先方に恐縮されてしまいます。

できる自信や確信はないけれど、「やってみたいから」が優先。

そして「誰と」が重要です。

クライアント（会社）ではなく、そのプロジェクトのリーダーです。「その人のお役に立てることが自分にある」と感じると、ただ感じるままに動いてしまうのです。

こんな私の仕事への取組み姿勢も、やはり広野のもとで自然に培われたものです。

あるとき、広野のもとを大手化粧品会社の役員さんが訪れました。広野はその化粧品会社のコンサルタントをしていたのですが、その役員さんが事情により会社を辞めることになったため、広野に挨拶に来たのです。

役員さんは広野の前に一枚の紙を差し出して言いました。

「ここにサインをしなさい」

それは高額な金額のコンサルタント依頼書。

「なぜ？」と尋ねる広野に役員さんが言いました。

「君には世話になった」

その役員さんが稟議を通さず、自分の印鑑一つで会社の予算が動くマックスで高額な金額でした。

「何もしなくていいからサインしなさい」

その申し出を広野は断り、その契約書をみんなの前で破り捨てたのです。

驚いた役員さんに広野はきっぱりと言いました。

「私はあなたの会社と仕事をしてきたのではありません。あなただからなのです」

会社や組織ではなく、一人の相手との関係性を大事にする。

それが広野の信条でした。

報酬や条件ではなく、「あなたの役に立ちたい」が第一。

「あなたと一緒にやってみたいからやる」

人間ってそんなシンプルな生き物でいいと思います。

目先の報酬や条件なんてどうでもいい。やってみたいから。あなたと一緒に仕事したいから。余計なことを考えずに無邪気にきゃっきゃとやってみる。それが私のやり方。気がついたら、あれこれ考える前に自然に体の中から湧き上がってくるチカラで突き動かされている自分がいつもいます。

広野は私に言いました。

「成功とは、目標達成しただけのことを言うのではありません。プロセスにおいてもまわりや社会を喜ばせていたり、〝未来へ繋ぐ〟きっかけになったり、何よりも感動と感謝、至福感に包まれるかどうかだと私は思っています」

成功するとは目標達成することだけではないのです。何よりも感動と感謝、至福感に包まれること。だとすれば、仲間に囲まれて、いつも感動と感謝、至福感に包まれている私は、いつでも〝成功〟しています。

普通に考えれば、できないことでも「できない」と思わないで「やってみたい」と思うことは、無謀で危険なように思います。でも私はこれまで、たとえ私一人ではできないことだったとしても、多くの人たちにサポートしてもらうことで達成していく体験を何度もしてきました。

いつも案件が来ると、即ピンと来て、すぐに自分の経験値という引き出しからあれこれ勝手に出てきて、顔が浮かんだ人たちに容赦なく声をかけまくる。それを楽しんでくれる仲間たちの存在。困ったときなど、連合艦隊がやってきて助けてくれるのです。頼もしい仲間たち。私はいつも、そうした私の行動に共振してくれる仲間の存在に助けられています。

それは私にとっての幸せ。喜力の持つパワーです。

自分でやろうとすると〝自力〟ですから大変。流れに身を任せていくと〝他力〟が働き勝手にプロジェクトが成功していってしまいます。そして気がつくと多くの人たちと喜びをシェアしている。

みんなで「ありがとうの大合唱」です。

心から勝手に湧き出てくる、喜力の源泉からの「ありがとう」です。

一人の喜びは、みんなの喜び。

プロジェクトに参加した全員の歓喜が一つになって、もの凄い喜びのパワーになっていることでしょう。

こうした繰り返しが、私はもちろん、私の仲間たちの喜力をアップさせているのだと思います。

その基本は〝喜ぶ〟こと。無邪気にきゃっきゃと喜ぶこと。些細なことでもいいから喜びを感じること。なにしろ喜力の原点は喜ぶことなのですから。

「実は人間はお金持ちになることも、事業で成功することも、無意識に〝喜ぶこと〟を追い求めているからです」

広野はそう言いました。

すべての源は〝喜ぶこと〟。

その源泉から湧き上がる喜びのチカラ。

「どんな仕事も最後にはみんなが〝ありがとう〟と言い合える仕事でなければ、この世に生んではいけない」

みんなが心から「ありがとう」と言い合い、〝ありがとうの環（サンクスサーキット）〟が広がる仕事でなければいけない。

そのことを広野から教えられました。

そしてプロジェクトを進めるにあたっては、誰とでもいいということではなく、「来るもの選び、去るものは絶対に追わない」という信条のもと、プロジェクトに応じたチーム編成、人事は重要です。バランスと相性も。優秀な人ばかりではなく、一見役に立つどころか、厄介だったりすることもある人材も必要。

有名な小説の『三銃士』に登場する若い騎士のダルタニヤンは、三銃士の兄たちと違い、酒や女に溺れ、普段は厄介な人間のように見えますが、三銃士の危機のときにはしっかりと助っ人に登場します。

これは広野の考察ですが、当のダルタニヤン本人は計画的ではなく、逆らうことなく無邪気に生きているだけ。その歯車が必要なときに合うというのです。

それは〝無邪気のチカラ〟。

当の本人は意識していないのですが、自然に湧き上がってくる喜力の原点です。

チームにはダルタニヤンのような存在も必要なのです。様々なプロジェクトを経験していく中で、チームは優秀な人材や豪腕だけでなく、そのような存在も必要だと知りました。

喜力が起こす〝奇跡〟

喜力が発動するようになると、これも不思議なのですが〝奇跡〟のような出来事が起こります。

奇跡とは〝喜の跡〟、喜跡の積み重ねの上に成り立つ（登場する）のです。

人やモノとの出会い、仕事——。

思わぬ偶然のように思えて、実は偶然ではありません。必然です。喜力が引き寄せた必然。そのおおもとにあるのは〝喜びのパワー〟です。

私自身、奇跡のような出来事に巡り合いました。

それがワインとの出会いです。

広野と出会う前、私はワインに興味がなく、正直なところあまり美味しいとも思いませんでした。

ところが広野と知り合い、一緒に広野行きつけのイタリアンに行くようになってからワインを美味しいと思うようになったのです。

そんな私を見て広野は嬉しそうに、

「あなたが喜ぶからワインを飲ませたいのです。美味しそうに飲むから、見ていて嬉しくなりますね」

そんな風に喜んでくれました。

広野のお陰でワインが好きになり、興味を持ったことで、それから私はワインについて少し勉強するようになり、次第にワインについての知識も得ました。

すると不思議なことに、ワインの関係者との繋がりができて、人との出会いが広がり、やがてワインの会社の素敵な方々と出会い、一気に私のワイン愛が加速しました。それも日本で一番ワインを輸入している老舗のワイン輸入会社です。

以来私は、様々な形でワインと関わってきました。ワイン用のぶどう作りとか、ワインに合う食材提供とか、ワインをテーマにして地方地域と商品開発をしたりイベントを企画したり、様々なワイン関連のプロジェクトに携わってきました。

ワインに興味を持つようになったことで私の中にフィルターがついたのです。別の言い方をすれば、私の中にアンテナが立ったということ。だから何でも〝ワインワイン〟と関係づけるようになって、ワインに関する情報をキャッチするようになったのです。

そのきっかけになったのは広野のこの言葉。

「あなたが喜ぶからワインを飲ませたい」

「ワインとあなたの景色がいい」

私が喜ぶから。そしてその喜ぶ私を見て広野も嬉しくなる。その喜びが原点となってワイン関係のプロジェクトと繋がったのです。

これが喜力のチカラ。

偶然のようでも決して偶然ではありません。喜力が繋いだ必然です。

おそらく皆さんにも、こうした経験はあるだろうと思います。

「何で自分はこの仕事をしてるのかな？」

「何でこの道を歩んできたのかな？」

そのきっかけは、実はたわいないことだったりします。

人との出会い、モノとの出会い、そうした出会いで人生が変わることがあります。

でもそれは偶然ではなくて必然。

そのとき、善い出会い、善い方向に導いてくれるのは「喜力」です。

喜力のある人は、振り返ってみると自分でも不思議なほど、善い出会いをしてきているのです。

ため息は、空(上)を見上げてすると深呼吸になる

それでは、喜力のある人、喜力のない人はどこが違うのでしょうか?

喜力のある人は次の〝3つの強迫観念〟が弱い人です。

①自分自身についての不安
②他人や人間関係についての不安
③人生で出会う出来事への不安

この3つの強迫観念(恐れ)が弱い人は喜力のある人。つまり〝喜びのチカラ＝生きるためのチカラ〟の強い人です。逆に3つの強迫観念が強い人は喜力のない人。〝喜びのチカラ＝生きるためのチカラ〟の弱い人ということになります。

こう聞くと「自分は大丈夫かな?」と思う人もいるのではないでしょうか。「いつも人間関係で悩んでいて不安」だとか「これからの人生のことを考えると不安でしょうがない」とか、そんな風に思う人は結構多いのでは?

もし今あなたが不安を抱えていたとしても大丈夫です。

私自身がそうでした。すでにお話ししたように、過去の失敗で人間不信になり、財産や多くを失くしたとき、「これからどうしよう？　これからどうなるの？」と不安どころか、恐怖で圧し潰されそうになりました。まさにどん底のどん底で、希望など一つも見えない真っ暗闇の中にいました。でもそんなときに広野と出会い、知らず知らずのうちに喜びのチカラをつけたことで、再び生きるためのパワーが湧いてきたのです。

「喜怒哀楽」の〝怒と哀〟は〝喜と楽〟に挟まれています。これは私自身の経験からも言えますが、喜力をつけていくと、強迫観念がなくなり、前向きな気持ちで過ごすことができるようになります。不安や恐れなどを感じないようになるのです。

それは何か嫌なことや不安なことがあっても、喜びのほうに〝喜変換〟できるようになるから。善いことを感じ取るフィルターがついたことで、悪いことよりも善いことに自然と意識をフォーカスできるようになるのです。

たとえば、小学校から中学校に進学するときには、たくさんの不安要素があります。「勉強が大変だ」とか「新しい友達と上手くやっていけるのか」とか「先生や先輩は怖くないか」とか、親からは「中学に行ったら勉強が難しいから、落ちこぼれないように頑張らなきゃダメよ」なんて言われてしまう。周囲からそんな不安要素をたくさん聞かされているからすごく不安で怖くなってしまう。

でも本来ならば子供たちの心は、小学生から中学生になるという新しい世界、新しい未来、何もかも初めて出会うことにワクワクしているはずなのです。それを不安要素にばかり目を向けるからワクワクじゃなくてビクビクになる。

もしそこで、「中学校ってどんなところだろう」「どんな楽しいことが待ってるんだろう」「どんな友達ができるだろう」と発想を変換すれば、怖くてプルプル震えてたものが、期待に胸をプルプル震わせる〝武者震い〟に変わります。

これが喜力のチカラ。

喜びを感じるフィルターをつけたことで、今まで不安だったものが〝希望（喜望）〟に変わりました。

人は環境が変わるなどの新しい道に進むとき、新しいことにチャレンジするとき、どうしても不安になりがちです。でも喜力があれば、希望や期待という喜びが、不安すらも打ち消して、ワクワクしたプルプルに変えてくれるのです。不安や恐怖を喜びに喜変換することで、喜力が発動して生きるチカラが湧き、喜望の人になれるのです。

〝負〟を〝喜〟に変換する「喜変換」

喜力のない人は、失敗を糧にできない傾向があります。つまり、マイナスをプラスに、負を喜に、変換できないのです。

これは広野の関係していたプロジェクトで出会った、ある優れた才能あるデザイナーの話です。

彼はデザインの才能はとても優れていたのですが、自信過剰気味なところがあり、自分の才能を過信しすぎる傾向がありました。そのうえどちらかというと職人タイプだった彼は、人前で話すことがあまり得意ではなかったのです。

自分の中にそうした苦手意識があったからか、彼は初めてのプレゼンで失敗してしまいました。緊張から上手く説明できないうえに、デザイナーとしてのプライドも邪魔してしまったのです。

「自分はプレゼンが苦手だ。これからはデザインの仕事に徹しよう」

一度の失敗はトラウマとなり、彼の心に深い傷を残しました。

以来、もっぱら人前に出ることは避け、裏方としてデザインの仕事に没頭していたのですが、ある事情で再び彼がプレゼンしなければいけなくなったのです。

「また失敗したらどうしよう…」

「自分にできるだろうか…」

彼の中であのときの失敗が蘇り、不安と恐怖に圧し潰されそうになります。できることなら逃げ出したい気持ちでプレゼンに臨みました。

結果は案の定また失敗。失敗を恐れるあまり、かえってその恐怖で失敗してしまう悪循環に陥ってしまったのです。

二度の失敗は、彼の優れたデザイナーとしての才能も奪うことになりました。プレゼンに失敗するという敗北感が、本職のデザインのほうにも影響して、デザイナーとしてのすべての仕事が上手くいかなくなってしまったのです。

不安や恐れといった負のパワーは、正常なものまで飲み込んでしまうほどの強力なエネルギーを持っています。そのパワーは恐ろしいほどに。

そうしたネガティブな思考から逃れるにはどうしたらいいのでしょう。

それは負の方向に向けていた意識を喜の方向へ向けること。

たとえば、2回目のプレゼンのときに彼がこんな気持ちになれていたらどうでしょうか。

「もう一回経験したから次は大丈夫。この前はあそこが上手くいかなかったから今回はそこを気をつけよう。前回の失敗を参考にすれば今回は上手くできる」

一回目の失敗を自分の糧としてプラスに変換できていたとすれば、少なくとも緊張と恐れで逃げ出したくなることはなかったでしょう。失敗したことも、ニヤリと笑って次の糧にできていれば、負の出来事が次の喜びのための栄養素になり、緊張のプルプルが武者震いのプルプルに変わっていたはずです。

しかし彼の場合、なまじ自分の才能に過剰なほどの自信を持っていたこともあって、一度の失敗が大きなダメージとなって彼の心の負担となったのです。自分に自信のある人、プライドの高い人ほど、失敗から受けるダメージは大きく、なかなか立ち直れないものです。

「また失敗したらどうしよう…」

「こんなはずじゃなかったのに…」

不安や恐怖、それに対する強い反応の悪循環。〝間違った思い込み〟の連鎖。気づかないうちに目の前の問題を大きく広げてしまっていることにも気づかず、在りもしない不安と恐怖に恐れおののいてしまう。

心配症な人や不安になりがちの人は、まだ起きてもいない将来の出来事を予測する予言者のようなもの。当たるかどうかもわからない（実は起きる可能性の低い）、自分で予測したマイナスの出来事を自分自身で恐れているのです。それは出るはずのない幽霊を怖がっているようなもの。

いつも失敗ばかり気にする人や、嘆いてばかりの人は、少しでも自分の思い通りにいかないこと、上手くいかないことがあると、愚痴や嘆き、心配事ばかりを口にしています。それでは上手くいくはずがありません。自らが負の方向を向いて、悪いことを引き寄せているのですから。

心配したり、嘆いたり、自分を責めたりしていては、善いことはやって来ません。たとえば誰かと待ち合わせしているときに「もし来なかったらどうしよう…」と心配するのではなく、「来なかったとしてもラッキー！　そのときは一人の時間ができる」と変換すればいいのです。

プレゼンに失敗したなら「これでまた経験値が増えた」とプラスに捉えればいいのです。つまり、「間違い」というジャッジではなく、いいように解釈するということ。自分で変換すればいいのです。

マイナスの出来事でも喜変換する。意識を変えるだけで先々の不安が希望に変わります。

自分を責めたり罪悪感を持たない

喜力のない人によく見られる傾向として「自分を責める」「罪悪感がある」というものが挙げられます。特に日本人の場合は〝性善説〟が強いので、何かあると「ああ私が悪いんだ」と思いがちです。

「私さえ我慢していれば、彼と別れないで済んだんじゃないか」
「私がもっとしっかりしていれば、上手くいっていたんじゃないか」
「あの失敗は私のせいだ」

自分の責任だ、自分が悪い、そういう思いが強いのです。

でも、それを思ったところで仕方ありません。自分を責めたり罪悪感を抱いたところで、何か解決するわけでもなければ、何もいいことはないのです。

私自身がそうでした。すでにお話ししたように、人間不信になり、多くを失い、自責の念と後悔、相手への憎悪、そして自分に対する罪悪感でいっぱいでした。

心の中がそんな状況では、喜びなど感じられるわけがありません。ただただ毎日沈んだ気持ちで暗い顔をしているだけ。たとえ嬉しいことがあっても喜べず、なんでもかんでも悪いほうへ悪いほうへと考えてしまいます。

負のエネルギーは容赦なく襲いかかってきます。善いことも飲み込んで暗い闇に引きずり込んでしまいます。本来ならば「嬉しい」「幸せ」と思うような出来事があったとしても、そのことに気づくこともできなくなってしまいます。素直に喜びを感じることもできません。

そんな〝不幸体質〟から〝幸運体質〟へ、自分で変えていきましょう。

そのためには、自分を責めたり、罪悪感をいつまでも持っているのはやめましょう。

過去は過去として受け入れて、自分を認知することです。

そして過去に捉われず、今の自分の目の前にあることから始めましょう。

自分の中の素晴らしい観音様

喜力のチカラをつける（喜力を発動させる）には、まずは自分のことを認知することです。

よく「強い人になりたい」という言葉を聞きますが、強い人になりたいのならば、喜ぶチカラを高めること。

それは自分自身を認めることから始まります。良くも悪くも自分を認知した人は強いのです。

たとえば、自分の悪いところを知っている（認知している）人は、他人の批判にも強くなれます。

「口が悪い」「気が短い」「気が利かない」……そんな風に悪く言われたとしても、自分のことを認知した人はこう思えます。

「実にその通り」

そう言って受け止められるのです。

逆に自分自身に身に覚えがない場合は、こう返せます。

「どうぞもっと詳しく教えて頂けませんか？　自分ではわからないので」

毅然とした態度で、しかもにこやかにそう言えるのです。

それもこれも自分自身を認知しているから。

自分を認知するとは〝自分の素材を知る〟ということです。

バラの花が「草原で自由にあちこちに生きるたんぽぽになりたい」と思っても綿毛もなく無理。反対にたんぽぽが「バラになりたい」と同じ強い肥料や殺虫剤を撒かれてもバラになることはありません。

人間の不幸の理由の一つに、これと同じような〝自分を知らぬゆえの勘違い〟があります。自分を認知していない、自分という素材を知らないことで不幸が起きてきます。

たとえば仕事に関していえば、すごく勉強していろいろな知識を仕入れたり、テクニックを取得したり、資格を取ったり、確かにそれも大事ですが、でも結局は自分という素材がそれらをいかに使いこなすかが大事。だから上手くいっている人は素材と合っていることをしているだけなのです。

「何で同じ資格を持ってるのに、あの人には仕事が来て、私には来ないの？」

世の中にはそんな不満を持っている人もたくさんいるけれど、でもそれは勘違い。自分という素材を知らないから、資格と自分が合っていない、自分がその資格を上手く使いこなせていないことに気づかないのです。

広野が事業に失敗し、死に場所を探したという、まだ若いときの話です。

広野は行くあてもなくさまよい、京都か奈良のあたりにある工房を訪れたときのこと。

木の観音様を彫る彫師と出会ったそうです。

あてもない旅だったこともあり、長い時間その工房にいた広野は、彫師が一心不乱に観音様を彫る様子をずっと見ていました。

そろそろ日も暮れ、工房を出ようとしたとき、広野はどうしても聞きたいことがあり、その彫師に尋ねました。

「あなたはどうしてそんなに素晴らしい観音様を彫られるのですか？」

すると彫師は初めてこちらを向き、こう答えました。

「私は観音様なんぞ彫ってはおりません。この木の中に在られます観音様が、私に余計なものを剥がさせているだけなのです」

その言葉に広野は雷に打たれたような思いになり、自分の考え方の間違いに気づかされたそうです。

当時教育者でもあった広野は、教育とは教えるものではなく剥がすもの、引き算をしていくものだと気づいたそうです。その体験から公文研究所を立ち上げるサポートに参画し、今の公文式学習の確立に貢献しました。解き方を教えるのではなく、自分の力で解いていこうとする自分力を強める学習。それは自分から挑戦するという力を培う教育です。

教育していろいろな知識を身につけていくことも大事だけれど、まずは〝自分たるもの〟があること。自分は何なのかを知ること。それを知らずに余分なものを身につけていっても、自分という素材と合っていなければ邪魔になってしまうこともあるのです。

自分を認知する、自分を知るということは、余分なものを剥がして自分の中にある観音様を知ること。

誰もが自分の中には〝本来の自分〟という素晴らしい観音様がいらっしゃるのです。

自分を認知している人、自分たるものがある人は、生きていくうえで強い人なのです。

現実逃避は喜力を失くす

自分という素材を知るとは、それは〝ありのままの自分〟を受け入れるということです。世間体を気にして取り繕ったゾンビ化した自分ではない、ありのままの自分を知ることで、喜びを感知するチカラが高まります。逆にいえば、ありのままの自分を知らなければ、喜びの感受性も弱くなります。

世の中には、ありのままの自分を受け入れようとしない人も多く見かけます。過去にこだわり〝今の自分〟を見ようとしない。現実に目を向けず、自分自身の変化を受け入れようとしない。柔軟性がなく、かたくなに変化を嫌う人もまた喜力の源泉から喜びのパワーを汲み上げられない人です。

ありのままの自分を認知できずに現実逃避した悲しい話があります。

その彼女は豊かな家庭で育った女性でしたが成人してから実家が倒産し、行き場を失ってしまいました。

やがて彼女は結婚したのですが、しかし豊かだった頃の時代が忘れられず、結婚してからも当時の自分のまま。「稼ぎが悪い」と夫をなじり、その結果離婚。

子供もなく仕方なくレジのパートに出た彼女ですが、レジ打ちの仕事は彼女にとって屈辱的で、そんな現状を知られたくないと知人たちとも連絡を絶ち、やがて孤独死。

これは過去の自分と現実の自分、その歪みを受け入れらなかったことが招いた悲劇です。

もしも彼女が自分の置かれている現実を直視して、ありのままの自分を受け入れられていれば……。

おそらくこんな悲劇的な結末を迎えることはなかったでしょう。

彼女には現実を受け入れるフィルターが備わっていなかったのです。だから自分自身のありのままを受け入れることができなかった。

本来なら気づくはずの〝今の自分にとっての喜びや幸せ〟にも気づくことができなかったのです。

目の前のことをどう受け止めるか

喜力のない人は、目の前のことを悪い方向に捉えがちです。

「これはこういうことなんだろう。だから自分にとって嫌なことだ」

そんな風に思ってしまうのです。

逆に喜力のある人は、目の前のことを善い方向に捉えます。たとえ自分にとって嫌なことでも、喜力が発動して善い方向に喜変換できるのです。

AちゃんとBちゃんという仲良しの小学生がいました。

毎朝会ったときに「おはよう！」と元気に挨拶を交わしていたのに、ある朝登校してきたAちゃんにBちゃんが「おはよう！」と声をかけると、Aちゃんは無視。すごく機嫌が悪そうな顔です。

「何だろう」と思っていると、その日一日中Aちゃんは不機嫌そう。いつものAちゃんではありませんでした。

Bちゃんは「私嫌われたのかしら…」と不安になり、Aちゃんによそよそしい態度を取ってしまいます。反対にAちゃんはBちゃんのそんなよそよそしい態度に「私嫌われたのかしら…」と思ってしまったのです。

数日後、2人はそれぞれ別の友達と行動するようになって口もきかなくなってしまい、仲良しだった2人はすっかり仲違いしてしまいました。

でも実は、あのとき機嫌悪そうにしていたAちゃんは、学校に行く前におかあさんにひどく叱られて落ち込んでいたのです。だからずっと不機嫌そうな顔をしていただけ。それをBちゃんが勘違いして「私嫌われたのかしら…」と思ったことで、結果的に人間関係が悪くなってしまった。

もしもそこでBちゃんがAちゃんを気遣って、

「何かあったの？　今日元気ないね。大丈夫？」

そう声をかけていたら……。きっとAちゃんも「ありがとう」と返して、2人はさらに仲良くなっていたはず。でもBちゃんは悪い方向に受け止めてしまった。そもそも相手を思いやる愛があれば、こういう誤解は生まれなかったのです。

すでに「ABC理論」でお話ししたように、自分の目の前に起きたことの結果は、自分の受け取り方で変わります。目の前のことをどう受け止めるかで、結果はこんなにも違うのです。

真実ではないところで、私たちはなくていい問題を作ってしまい、それが相手のせいだと思い込んでしまうことがあります。

一つの出来事が起きたとき、ネガティブに受け止めると結果は悪くなります。結論がわかっていないないのに自分で勝手に悩まずに、ポジティブに問題解決しようと動けばいい結果になるものです。

たとえば、同じ職場にいつも怒ってるような顔をしている人がいたとします。

「この人、私のこと嫌いなんだ」

そう受け止める人は喜力のない人。

「この人はもともとそういう顔なんだ」

喜力のフィルターを通して発想を変換したら、その人としゃべれるようになって、その人のことがわかるようになった。

「決して怒っているわけじゃない」

実はその人もそのことが気になっていた。そこに気づいてあげられたことで、その人も喜んでくれた結果、人間関係が１８０度変わったのです。

ため息を空に向かってつくと深呼吸になり、心も体も緩みます。シンプルで簡単な変換です。

目の前のことをどう捉えるか。結論がわかっていないのに悩んではいけません。勝手に結論を出さずに動いてみること。

これが持っている喜力を呼び起こす訓練になります。この感覚を積み重ねていくと、自然に喜力がアップしていきます。

短所は直さず長所に変換

誰にでも長所と短所があります。自分の短所（欠点）にこだわってしまう人は、喜力のない人。欠点を直そう直そうと、そのことばかりにエネルギーを使ってしまいます。それは〝ありのままの自分〟を受け入れられないということ。

一方、喜力のある人は、自分の短所を認めることで、無理に直そうとせず受け入れることができます。そして、自分の短所を長所に変換することができるのです。

バイオの研究所に勤めていたAさんは、真面目で気が弱く、見た目も小柄で細身、見るからにイジメられやすい体質でした。

そんなAさんはある日、上司にいきなり「マグロ船に乗れ！」と命じられました。はっきり言って、上司からのイジメです。上司からすればAさんをマグロ船という厳しい環境に送り込むことで、彼を辞めさせようとしたのです。

一度出港したら40日以上も陸地に戻れず、まして大海、逃げ出すこともできません。Aさんのような弱々しいタイプにはとても勤まるように思えませんでしたが、気が弱くて断ることができないAさんは命令に従って研究員としてマグロ船に乗り込みました。

初めて経験する船上での生活は想像以上のものだったでしょう。荒っぽい猟師さんたちの命に関わる作業、船上生活の中、猟師さんたちとどうやってコミュニケーションを取って上手くやるのか、Aさんは現場で学びました。魚を獲ることなどできない彼は、得意だった料理をして猟師さんたちにふるまい、彼らと上手くコミュニケーションを取るようになったのです。

4か月ほどの生死をかけた厳しい航海を無事終えて会社に戻ったAさんを見たとき、てっきり〝辞める〟と思っていた上司は驚きました。

上司のイジメでマグロ船に乗せられるというありえない逆境の中で、Aさんはコミュニケーション術を学び、強くなって帰ってきたのです。

「欠点は直すものじゃない。活かすべきなんだ！」

Aさんは身をもってそのことに気づきました。

性格が弱くて断れなかったことがプラスになりました。マイナスのエネルギーをプラスのエネルギーに変換。欠点だと思い込んで必死に直すことにパワーを使わなくとも、欠点があったからこそ、そのエネルギーで逆転することができたのです。欠点が活かされました。

実はもともとAさんは、そうできるチカラを持っていたのです。それに気づかなかっただけ。

欠点は誰しもあるもの。欠点を直そうとしなくていいのです。

「短気」→「頭の回転がいい、スピードがある、感度がいい、正直」

「コミュニティ障害」→「静か、人と違う視点で見れる」

「優柔不断」→「慎重、失敗が少ない」

「意思が弱い」→「適応能力が高い、争いにならない、強いリーダーに喜んでついていける」

「がさつ」→「細かいことが気にならない、人に寛容」

見方を変える、取り方を変える、〝変換するフィルター〟を使うことで「欠点」→「長所」になります。

マグロ船という逆境が彼が本来持っているチカラを呼び起こしました。逆境を変換したことで喜力が湧き出しました。逆境という〝負〟の状況の中、欠点を活かすことで〝喜〟に変換できたのです。

この経験が彼の強みになりました。数百万円かけたセミナーや研修より、一回の現場での体験が大きくAさんの人生を転換していきました。

彼は今、自身の経験をもとに本を出版し、セミナー講師として活躍しています。

もう一つの喜力

喜力のある人になるためには、まず「自分が喜ぶ」ことが第一です。

そして〝もう一つの喜力〟と呼べるものがあります。

それは「相手を喜ばせる」こと。

まずは自分が喜ぶこと、プラスαで相手を喜ばせること。

この2つはリンクしています。

自分自身が喜ぶだけでなく、相手が喜んでくれることを自分が感じることで、自分のまわりにいる人たちの喜ぶ力が波紋のように広がり、自分自身の喜力にも繋がります。自分の喜力が相手に伝染し、相手の喜力がまた自分に伝染し、その結果、より大きな喜びのパワーになります。

私自身もこの本を書いている最中にちょっとした変化がありました。

就寝前に「喜力ノート」（※後ほどご説明します）に、今日あった楽しいこと、嬉しいこと、素敵なこと、希望やワクワクなどを書き記しているのですが、最近は自分のことより、他人様の喜びごとへのメモが格段に増えているのです。自分のこと以上に。

たとえば、私の大好きな女将さんがいる、行きつけの割烹料理屋さんに多くの仲間を連れていき紹介しているのですが、連れていった仲間たちが私以上に女将さんのことを〝お母さん〟と慕い、そのお店の常連さんになっていくのです。

その仲間たちが女将さんに心を開き、「もう一つの実家ができた」と嬉しそうはしゃぐ姿を見ると、たまらなく嬉しくて目頭が熱くなります。最近涙もろくなったせいかもしれませんが、以前の私では、そんなところに目がいかず、そこまで嬉しくなるようなこともなかったでしょう。

今では仲間たちの喜ぶ姿、女将さんの嬉しそうな顔を見るだけで、なんとも言えない、どこから湧き上がってくるのか、たまらない至福感を感じるのです。

これはおそらく私の喜力が以前より力強くなったからだと思います。喜びを感じるフィルターの性能が上がったのでしょう。

自分に喜力がないと相手を喜ばせることもできません。

だからまず自分が喜びを感じる。

そして自分が何かすることで相手が喜んでくれると、そのパワーが自分に返ってきて、ますます自分の喜力がアップする。

その喜びの波動は連鎖していきます。

喜力とは、自分が嬉しいと思う、自分が喜ぶ、それだけではありません。

「もう一つの喜力」――それは相手が喜ぶこと。相手を喜ばせること。

その結果、相手の喜びが自分に返ってきて、より喜びのチカラが強くなる。

そうした〝喜びの好循環〟が生まれることで、自分のまわりに幸せが広がっていくのです。

第3章

喜力アップするための習慣・癖づけ

自分でできる〝喜ぶチカラの強化活動〟

「喜力」は本来誰もが皆、すでに自分の中に秘めているチカラです。でも大部分の人たちは自分が持っている〝喜ぶことの素晴らしいパワー〟に気づいていません。

その素晴らしいパワーである「喜力」に気づき、喜力の持つパワーを起動するためには、自分の奥に存在している〝喜びの源泉〟を発見する必要があります。

梅干しも食べたことがない人は唾液が出ません。でも一度食べたことがある人は、梅干しを見た瞬間に口の中に唾液が出てきます。

喜力も同じ。喜力に気づかなければ、目の前に起動スイッチとなる〝喜力の素〟があったとしても喜力を呼び起こすことができません。いくら自分の中に秘めているチカラでも、そのパワーに気づかずに放っておいては宝の持ち腐れです。

では、どうすれば喜力を起動させることができるのか？

そのためには、自分の奥に存在している〝喜びの源泉〟を発見するための〝癖づけ〟が必要です。専門的な用語では「プライミング効果」と呼びますが、これは「あらかじめ刺激を与えることで、無意識に行動が影響を受ける」ことで、「前もって教え込む」という英単語の「プライム」に由来しています。

たとえば子供の頃にやった遊びで「〇〇って10回言って」という10回クイズがありますよね。

「〝ピザ〟って10回言って」

「ピザピザピザピザ……」

「(肘を指さして)ここは?」

「ピザ」

これもプライミング効果の一種です。

もっと身近な例でいえば、「テレビでお菓子のCMを見たら、なぜか無意識にお菓子を買っていた」なんていうものもあります。

専門的な話はさておき、喜力を発動させるためには〝喜ぶための癖づけ〟をすることが重要です。

「癖づけ=習慣化」

喜びを感知する習慣をつけることで、自然に自分の中にある喜力が湧き上がるようになっていきます。

それはつまり自分の心に〝フィルター〟をつけること。その〝フィルター〟を通すことで、今まで気づかなかった喜びを感知（認識）しやすくなります。今まで意識していなかった、目の前にある〝喜びの素〟を意識できるようになるのです。

いわばこれは「喜ぶチカラの強化活動」です。

「強化活動」などというと、なんだか難しく感じてしまうかもしれませんが、とりたてて身構える必要などありません。やること自体はとてもシンプルで簡単なことばかり。「え、そんなことでいいの？」と思うほど、些細なことです。

でもその〝小さな習慣〟が積み重なると、自分の奥にある〝喜びの源泉〟から喜力がどんどん湧き上がってくるようになります。梅干しを見たら口の中が唾液で溢れるように、ほんの些細なことでも喜びを感じ取れるようになります。

ここでは、自分の心の内から喜びが湧き上がる、そんな日常の心の持ち方と具体的な方法をご紹介します。これは私自身の体験からのやり方です。

〝喜力の源泉〟探しは、自分の〝在り方〟を引き出すための方法の一つです。ここでご紹介するやり方を参考に、ご自分なりに心地良いやり方を見つけてください。

それではさっそく「喜力アップ」するための〝習慣・癖づけ〟をご紹介しましょう！

おやすみ時

「喜力ノート」をつける

今日一日を振り返って〝嬉しいこと〟〝いいこと〟を3つ思い出してください。

そして思い出したらメモに書きましょう。

箇条書きでも構いません。自分の自由に書いてみてください。

ただし、メモはできるだけノートや日記帳などに鉛筆やペンで書いてください。それも書くのはテーブルや机ではなく、布団やベッドの中でリラックスした状態で書いてみてください。机の中で眠っていた昔使っていたノートや、子供のときに使っていた鉛筆やペンがあればそれを使って書いてください。久しぶりに使うと、昔に戻ったような気がして、それだけで少し嬉しくなってモチベーションもアップしますよ。

とはいえ、最初はどうしても悪いことのほうが頭に浮かんできてしまいます。打ち消そうとしてもなかなか消せないもの。でも、ちょっと今日あった〝いいこと〟を思い出してみてください。悪いことは〝いいこと〟が押し出していきます。そしてさらにメモ（記録）

して文字にすることで、自然に頭の中に〝いいこと〟がインプットされます。

私はこのメモを「喜力ノート」と呼んでいます。

呼び方に決まりはありません。「日喜」「喜録」など、自分で心地良い呼び方で構いません。

最初は3つ書くのは難しいかもしれません。実際にやってみると、喜ばしいことより、嫌なことのほうに捉われている自分に気づきます。私もこれにはハッと衝撃を受けました。

そしてすぐに「これではいけない」とも強く思いました。

はじめは1つから。

今日あった〝いいこと〟〝嬉しいこと〟を1つでいいから思い出して書いてみてください。

それを繰り返し意識して続けていくと、それがいずれ習慣になり、無意識に〝いいこと〟にフォーカスするようになります。自分の中に〝喜び〟を感知するフィルターが装着されるようになります。

些細なことで構いません。「今日はいい天気で気持ち良かったなぁ」でもいいですし、「今日の晩ご飯は美味しかった」でも「帰りの電車で座れて良かった」でも何でもいいから書いてください。

「喜力ノート」を続けるうちに、日常に起きる〝いいこと〟〝嬉しいこと〟に自然に目が向くようになります。慣れてくると3つどころか10個でも20個でも書けるようになります。

「今日行ったカフェのスイーツが美味しかったな」

「コンビニの店員さんの笑顔が素敵だった」

「道端に咲いていたお花が可愛いかった」

自分の身のまわりにある、ほんの些細な〝喜び〟にも気づけるようになってきます。

それは自分の奥に埋もれていた喜力がアップした証拠。喜力が発動するフィルター（癖づけ）ができたということ。喜力ノートとは、喜びを感じるための〝癖づけのフィルター〟なのです。

気をつけて頂きたいのは、反省や愚痴、辛いこと、嫌なことなどは書かないこと。

私もそうですが、どうしても自分を責めて「自分が悪い」と思いがちです。まずはそこを遮断します。

私も喜力ノートをつけ始めた当初、出てくるのは「今日の反省」や「悔しいこと」、「いや、自分が悪い」ということばかりでした。「こんなにも闇の中にいるのか…いやいや、そんなことはないはず、きっといいことがあったはず」と、いいことを思い出すのが難しい自分をもどかしく思ったものです。嬉しいことは隠れてしまっていたのです。

それでも諦めずに続けていると〝喜び〟を見つける癖づけになります。

最初はちょっと慣れずに戸惑いますが、長い一日のほんの数分、自分を見てあげてください。やがて嬉しいこと、楽しいこと、幸せなこと、ありがたいことだらけになっていきます。遠くに成功や幸せを求めなくても、自分の中に存在していたことを見つけて感動の嵐です。

「喜力ノート」をつけるという習慣は、喜びを感じ取る感度が鈍くなっている（喜びの源泉に蓋してしまっている）あなたの喜力のスイッチを起動させるためのリハビリです。

「喜力ノート」が〝喜び〟で溢れるようになると、自然に「今日はなんだか全部幸せだった」と思えるようになりますよ。あんなに嫌なことだらけだったのに。

寝る前の喜びの言葉・自分をご喜元にして笑顔で寝る

喜力ノートに書いた「今日あったいいこと」を思い出しながら笑顔で眠りにつきましょう。

そうはいっても最初は無理かもしれません。でも口角を上げて〝いいこと〟を考えながら寝るようにしていると、そのうち自然に顔の筋肉が緩んで微笑んでいるようになります。

最近では脳科学でも「笑うと脳が嬉しいと勘違いする」ことがわかってきています。作り笑顔でも、その微笑みに「この子は嬉しいんだ。喜んでるんだ。幸せなんだ」と脳が勘違いして勝手に働いて、その人の心の奥にある幸せの引き出しを開けて〝いいこと〟をどんどん引っ張り出してきてくれるそうです。

寝る前に声に出して「今日は楽しかった」とか「今日は幸せだった」とか、そうした今日感じた〝喜びの言葉〟を口に出して言うことも効果的です。

これも最初はなかなか難しいかもしれません。その場合は喜力ノートにメモした〝いいこと〟を読むのもいいですね。どんな小さな幸せでもいいから、今日一日を振り返ってみて見つけてください。

「今日も良かったなあ。ありがとう」

そんな言葉が自然と出てくるための癖づけです。

これを習慣化すると、次の日朝起きたときに気持ち良く感じて、にこやかに「おはよう」と言えるようになります。

最初はなかなかできないけれど、寝る前のひと言（喜びの言葉）と笑顔で寝る癖づけをしていくと、そのうち自然に笑顔で寝られるようになります。はじめのうちは〝作り笑顔〟

でも、その癖づけからの形状記憶スマイル、そして意識せずともいつも微笑みが絶えない〝幸せ顔〟へとなっていきます。

昔から「笑う門には福来る」と言われているように、「笑う門には喜力アップする」です。

喜力ノートにメモした「今日あった〝いいこと〟」を思い浮かべ、ご喜元になり笑顔で眠りにつけば、自然に喜びのチカラが湧いてくるようになります。

〝嫌なこと、悪いこと〟を書き出して吐き出す

そうはいっても〝嫌なこと〟が出てきます。なかなかしつこいもので、〝いいこと、嬉しかったこと〟を書き出そうとしても、どうしても〝今日あった嫌なこと、悪いこと〟を思い出してしまうものです。

そんなときに効果抜群の方法があります。

今日あった〝嫌なこと、悪いこと、頭に来たこと〟などを寝る前に徹底的に吐き出すのです。悔しいこと、悲しいこと、怒りや文句、言い訳や愚痴……そうした思いや感情を無理に抑えることなく書き出しましょう。

たとえば紙に書きなぐってもいいですし、フェイスブックなどの自分のSNSへメッセージとして自分だけしか見れないようにして書き出してもいいでしょう。そうして翌朝、昨日寝る前に書いた内容を読み返してみてください。とても恐ろしい自分を知ることになります。

それでもまたふつふつと出てくるときは、その思いを閉じ込めずに毎日気が済むまで書き続けていくと、本来なら忘れるのに半年かかるところを数週間で忘れていきます。無理に抑える必要はないのです。いいんです、人間ですから。生きていれば、いいことばかりではなく、嫌なこと、後悔すること、そうした悪いこともたくさん起きるのは当然です。吐き出したい感情や思いは誰にでもあるのです。

吐き出すものは吐き出してしまいましょう。いつまでも溜め込んでおかないことが大事です。

この方法はおススメです。私自身が実証済みで効果テキメンです。

ただし、くれぐれも感情に任せてSNSで発信しないように気をつけてくださいね。次の朝に見返してみると「送信しないで良かった」と思えますから。

朝の目覚め

「喜力ノート」を読む（自分の中の喜力の連鎖）

朝起きたら、まず昨日の夜「喜力ノート」にメモした〝いいこと〟〝嬉しいこと〟を読みましょう。そして昨日あった〝いいこと〟を思い出してください。

「私こんなに嬉しいことがあったんだ」

「こんなにいいことしてる」

「人に喜んでもらって嬉しい」

朝一番で〝いいこと〟に触れることで、嫌なことを自分の中から追い出してください。

人間はどうしても昨日あった〝悪いこと〟のほうを覚えています。

「ああ今日も嫌だなあ…」

そうならないように喜力ノートにつけた〝いいこと〟で〝悪いこと〟を打ち消しましょう。これも喜力を呼び起こすための癖づけです。

これを続けていると、そのうちメモを読まなくても昨日あった〝いいこと〟を思い出せるようになります。そして自然に「ああ嬉しい」「今日も楽しい」「今日も幸せ」「ちょっと自分イケてるかも」なんて言葉が出てくるようになります。

喜びの発声をする

寝る前と同じように朝起きたときにも何かひと言、声に出す習慣をつけてください。

一人暮らしで誰もいなくても声に出して言いましょう。ペットや観葉植物に声をかけてもいいですね。

声を出すと脳が若返ると認知症専門医のドクターがおっしゃっています。それに言葉は私たち人類の進化に重要な働きをもたらしてきました。言葉があったから、こうして人類が存続しているのだそうです。

自分にとって心地良い言葉を選んで声に出してください。

「おはよう」は誰でも言いやすいですよね。

毎日同じ言葉でもいいですし、日々変化してもいいですし、ずっと同じルーティンな言葉と日々変化する言葉の両方があっても素敵だと思います。

私も毎日声に出しています。

「おはよう」は必ず。それ以外にもその日の気分に任せて自分の口から出てくる言葉を自然に声に出しています。

「昨日は楽しかった！　今日はその続きで楽しみね〜」

「今日もまた素敵な出会いの一日だから嬉し〜」

「美味しいお酒を飲むぞ〜」

「今日はどんな嬉しいことがあるんだ〜」

「キュンキュンきゃっきゃすることがいっぱいある〜」

「啓子！　今日もOKだ〜」

……などなど、ちょっと自分で笑っちゃうんですが、起き上がる前にお布団の中で声に出しています。どうやら私は語尾を伸ばしながら、お布団の中でも手足を伸ばして毎日声に出しているようです。

皆さんも自分にとって心地良い言葉を声に出してみてください。

難しいことはありません。自分の中に喜びが湧き上がるような言葉であれば何でも構いません。これも喜力アップさせる癖づけです。

家族がいて恥ずかしければ、最初は囁くほどの声でも大丈夫です。

「昨日はいいことがあって嬉しい」でもいいです。

寝る前は「今日もいいことがあって嬉しい」ですね。

不思議なもので、喜びの言葉を声に出していると知らず知らずのうちに、そばにいる家族にも喜びの言葉が連鎖して、家族の喜力もアップします。家族が喜ぶようになると、その喜びのパワーをあなたがまた受け取ってさらに喜力アップして……というように家族とあなたで共振し合って、まるで無限ループのように喜力の波が広がっていきます。

ただし一つだけ気をつけて欲しいのは、いっときの自分の優越感のために相手や社会に向けて発する言葉はご遠慮ください。

「絶対にあの人に勝ってやる」

「私は正しい。間違っているのは相手」

「今に見てろ」

こうした言葉は、いっときのモチベーションは確かに上がりますが、〝喜び〟の発声にはなりません。喜力をアップするどころか、気がついたら喜びごとがなくなっています。身のまわりに喜びごとがいっぱいあるのに、自分自身で遠ざけてしまうことになります。

でも、どうしても発してしまいますよね。私も最初はそうでした。

そういうときは、思いっきり叫びます。そしてそのあとに必ず叫んだ回数より多くの〝喜びの言葉〟を発してください。それで大丈夫です。

私はそんなことを繰り返していたら、ある日「あったまにくるー」と発した途端「あわわわわ！」と、まるで打ち消すような声が出て、すぐに感謝の言葉が出てきました。そのときは自分でもとても驚きました。

言葉は記憶に植えつけられます。〝喜びの言葉〟を口に出して言うことで、自分の中から喜びのチカラがどんどん溢れ出してくるようになっていきます。

今日一日を素敵な一日にするためにも、朝の癖づけを習慣にしてください。

「喜力アップストレッチ」をする

朝の目覚めにお布団の中で寝たままストレッチをすると、その日一日がすっきりした気分で過ごせます。

ストレッチといっても大袈裟なものではありません。まず手足を大きく伸ばしながら、意識して大きな口を開けてあくびをしてください。あくびをすることで、寝ている間に歪んだ顔をリセットしてくれます。あくびが出なくても「アア〜」と大きな口を開けることで顔が整ってきます。

次に自分で自分の耳を引っ張ってください。耳を引っ張ることで血行が良くなります。昔よく、授業中にあくびをして眠そうな子の耳を引っ張る先生がいましたが、あれは血行を良くして起こすという意味があったのですね。体罰ではなく愛だったのですね。

手足を大きく伸ばして全身にチカラを注ぎ、口を大きく開けて顔の筋肉から脳の神経に信号を送って、最後は耳を引っ張って血行が良くなると、「今からこの人は動くんだな」と体が意識してくれます。

喜力アップするためのストレッチはこれだけ。何も難しいことはありません。朝起きたら手足を伸ばして大きくあくびをして、最後に耳を引っ張る。これだけで気持ち良く「おはよう！」と言えますよ。

どんよりした気分で朝起きては、今日一日で出会う素敵なことにも気づきません。心地良い朝を迎えることで、小さな幸せも感じるようになります。

一日のスタートに喜力アップストレッチをぜひ続けてみてください。

ここまでは夜寝る前、朝の目覚めに取り入れて欲しい、朝晩の〝喜力アップの習慣〟をご紹介しました。

とはいえ、私が書いた通りにやる必要はありません。たとえば朝起きて「喜力ノートを読む」→「ストレッチ」でもいいですし、「ストレッチ」→「喜力ノートを読む」でも順番はどちらでも構いません。

自分の好きなようにして構いません。その日の気分で入れ替えてもいいですし、自分流にアレンジしてもOKです。

一番いけないのは「こうしないといけない」と窮屈に決めつけてしまうこと。ルールはありません。もっと自由に、自分に合わせて自分流に。

一番大事なことは続けること。まさに継続は力なりです。

まずは〝21日間〟続けてみてください。

人は一つのことを21日間続けられれば〝習慣化〟されるそうです。

皆さんの中で眠っている喜力を起こしてあげるために、朝晩の喜力アップ習慣を続けてみてください。

ファッション

自分のモチベーションを上げるためのファッション

〝ファッション〟といっても、何も高いブランド品や特別カッコいいものを身につけたほうがいいというわけではありません。

「昨日と同じ服でいいや」……ではなく、夜寝る前や朝のスタート時に「今日は（明日は）何を着ようかな？」と少しだけ考えてみてください。

女性がマニュキアを塗ったらモチベーションが上がるように、自分の気持ちを上げるため、自分を喜ばせるためのファッションをしてみてください。自分を楽しませるためのファッションでいいのです。

私はブローチやアクセサリー、スカーフなどの小物で遊んでいます。リーズナブルですし、いつものマンネリファッションも違ったオーラを発します。

いつもはあまり気にせずルーティンで着ていた服だけど、ちょっとだけ時間をかけて考えてみる。自分の好きなものを身につけて、身だしなみを整えて出かけることで気持ちが上がります。いつもと違う服を着てファッションを変えただけで血流が上がって顔色が良くなったという実例もたくさんあります。

それはまさに喜力。喜ぶことで湧き上がってくるチカラです。

身だしなみを整えるということは、相手にも好感を持たれます。それは相手にも喜んでもらえているということ。その喜びがまた自分に返ってくることで、さらに喜力がアップします。

ファッション一つとっても、自分の考え方、発想を少し変えてみるだけで、喜びの輪がどんどん広がっていくのです。

自分のファッションを褒めてあげる

自分の身につけている洋服や小物を自分で褒めてあげるのも喜力アップに繋がります。自分で自分のファッションを褒めるのは少し照れ臭いかもしれませんが、照れながらでも褒めてみてください。

「このバッグ、最高よね」

「この服、私にピッタリで最高に似合ってる」
「このアクセサリーつけてると素敵」
自分で自分を褒めるというと、つい〝ナルシスト〟なんて思えてしまうかもしれませんが、少しぐらい自己陶酔していいのです。自分が買った服やバッグ、アクセサリーなどを褒めることは、それらに感謝しているということ。「買って良かった」と喜んでいること。これは喜力に他なりません。

どうしても皆さん、「何だか高いもの買っちゃったなあ…やめとけばよかった」と悪いほうに考えがちです。それは罪悪感。自分が買ったものに対して罪悪感を感じる必要はありません。そんなマイナス方向の考え方はやめましょう。もう買ってしまったんだから、「私の持ってるもの素敵でしょ」と思いましょう。背すじが伸び、美しい人になります。

ときどき「センスがいいね、トータルで購入したの?」と褒められることがあります。バラバラに購入しているのですが、先に手に入れたアイテムは自分では記憶になくても脳には記録されていますので、たいがい一目惚れして購入したものは、自宅にある衣服とまるでセットのようにぴったりだったりの〝ミラクル〟がいつも起きるのです。

自分のモノへの一番の感謝は、喜ぶことで引き寄せていくのです。

一番いけないのは「ああ買って失敗した」と思うこと。自分を否定するような行為は喜力の発動を妨げてしまいます。自己否定のファッションではなく、自己肯定感を上げるためのファッション。

素直に自分のファッションを褒めてあげてください。自分で自分を褒めること、喜ぶことで、喜力のパワーが湧いてきますよ。

今日のテーマ・目標を決める

普段意識していないことを意識するようにする

〝テーマ〟〝目標〟などというと何やら大それたことのように思えますが、もっと単純なことでいいのです。

「今日は会社で真面目に仕事しよう」でもいいし、「仕事のあとに飲み会があるから何を話そう」でもいい。「今日は一日笑顔で過ごそう」でもいいし、「今日は気持ち良く挨拶をしよう」でもいい。「今日は午前中に何をして、午後は何の仕事をして」と今日一日のスケジュールを考えてもいい。

大きなテーマや目標を決める必要はありません。大事なのは自分に今日一日のことをインプットすること。あえて意識すること。普段当たり前にやっていることを意識的にやっていくこと。そうすることで普段気づかないことに気づくようになります。

「喜力＝ウイリング・パワー」の〝ウイリング〟には「意識」という意味も込められています。意識する、気づくことで、普段気づかない喜びにも気づけるようになります。

それが喜力を呼び起こすための癖づけ。そのためにも今日のテーマを決めて、普段意識せずにしていることを意識するようにしてください。

「今日は●●を見つけよう」と決める

今日のテーマ（目標）を決める際に、こんなテーマにするのもおススメです。

「今日は〝ハート〟を見つけてみよう」

そうすると人は不思議なもので〝ハート〟ばかり目につくようになります。

「あ、ここにもハートがあった」

「このお菓子のここにハートがあった」

「あの壁のあんなところにハートがあった。いつも行ってるお店なのに気づかなかった」

人は見ているようでも実は全然気づいていないもの。意識していないと気づかないことが多いのです。ディズニーランドの隠れミッキーも、聞かされて初めて意識的に探すと発見できます。嬉しいですよね。

「今日は三角形のものを見つけよう」

今日のテーマをそう決めると三角形にばかり目がいくようになります。

「ここにもあった」

「何でこれは三角形なんだろう？」

「じゃあ何でテレビは四角なの？　三角じゃいけないの？」

「三角形にしたほうが便利なものって何だろう？」

三角形を意識することで初めて、今まで当たり前だと思っていたものに〝問い〟を持つようになります。この〝問い〟を持つことは大事で、今まで気づかなかったことに気づくきっかけになります。「今日は緑色のものを見つけよう」とテーマを決めると、緑色のものに目がいくようになって「世の中に緑色ってこんなにあったんだ」と発見できます。

これは私が教えている大学の授業でも行いますが、様々な視点を変える訓練になります。ビジネスでも人づき合いでも子育てでも、視点を変えることが役に立ちます。


「今日は水玉の洋服を着ている人を見つける」

「今日はレトロなお店を見つける」

「今日は黄色い車を見つける」


どんなテーマでも構いません。テーマを決めたらその視線で、いつもの通勤、散歩、お買い物コースなどで発見してみてください。そしてそのときにこんな風に問いかけてみてください。


「なぜ水玉の服を選んだんだろう？　この人の心境はどうだろう？」

「このレトロなお店はいつからあるんだろう？　お客さんはどんな人だろう？」

「なぜこの人は黄色い車にしたんだろう？　赤や青じゃなぜダメなんだろう？」


どんなことでもいいから思いつくままに自分に問いかけてください。その〝問う〟ということが、普段意識せずに隠れている、自分の奥に潜んだ〝喜力の源泉〟を発見する柔軟性を育てます。

人はただ何気なく過ごしていると気づかないもの。意識しないと、そこにあるものも気づきません。目の前にある喜びにも気づくことができません。それに気づくためには意識すること。気づきの癖づけをすることで、今まで気づかなかった小さな喜びも発見できるようになります。喜力レッスンです。

身近な命を意識する

小さな喜びをキャッチしやすくする

私たちは普段時間に追われて忙しい毎日を過ごしています。そんな慌ただしいバタバタした日常を過ごしていると、身近にある小さな出来事に気づかないものです。たとえば道端に咲いている小さな花。そんな小さな花でも一生懸命きれいに咲いています。でもそれに気づかずに通り過ぎていく。

朝の通勤時に木にとまった小鳥たちが気持ち良さそうにさえずりしていても、その鳴き声に気づかずにスマホを見ながら足早に歩いていく。

身近にあるもの、身のまわりにあることを見ていない人が多いのです。目の前のことに気づかない人が多いのです。だからきれいな花が咲いていることも気づかない。それはもったいないですよね。

もっと自分のまわりに意識を向けてください。スマホから目を離して、まわりの景色を見てください。

「あそこにいるスズメたち、お腹空いてないかな？」

「あんなところに猫がいた。どこに住んでるのかな？」

「こんなところにキレイな花壇があったの知らなかった。キレイな花がいっぱい咲いてるな」

小さな小さなことでいい。花でもいい、鳥でもいい、猫でもいい、小さな命を意識する。

冬に枯れている木を見たら、「今は枯れてるけど、その間に根を張って強くしてるんだな。凄いなあ」と声をかけてあげるのもいい。部屋に観葉植物を置いてあるならば「いつもありがとう」と声をかけるのもいい。ペットを飼っているなら、今日あった楽しかったこと、嬉しかったこと、喜んだこと、素敵だったこと、そうしたことを話してあげてください。

食事のときには命を頂くことへの感謝を込めて、いつもより意識的に「頂きます」と言ってみてください。

当たり前のことですが、あえて意識してみるということをしてみてください。そうすると、そこにある命と向き合うことで身近な命に対する接し方、見方が変わってくるはずです。誰もがわかってはいても、気がつくと疎かになっています。そこを意識する癖づけをしましょう。

身近な命を意識するようになると、目の前の小さなことに気がつくフィルターが自分の中に備わって、喜びをキャッチしやすくなります。

それは〝喜力のフットワークを良くする〟ということなのです。

掃除をする

心と体の両面から喜力アップ

喜力アップするための習慣としてぜひやってみて欲しいのが〝掃除〟です。

掃除をするということは自分の身のまわりをきれいにして整えることです。掃除することで心地良く過ごせて気持ちいい生活が送れるようになります。喜びを感じて喜力をアップするためには、自分が気持ち良く感じることは大事なことです。

わざわざ私がこんなことを言わなくても皆さんすでにご存じだと思いますが、でも実際は掃除をやらない人が多いもの。

一気にまとめて全部きれいに掃除しようと思うと負担になってなかなかできません。せめて玄関とトイレとか、自分や家族が気持ち良く使えるように掃除してみてください。お風呂場も全部きれいにしようと思うから大変になってしまいます。「今日はこの面だけカビを取ってきれいにしよう。明日はこっち」と分けてやると結構掃除できるもの。日々それを繰り返していると習慣化されて気持ちもすっきりしてきます。

生活環境や働く環境を整えることは、脳の整理整頓に繋がると言われています。特に〝磨き掃除〟のように反復動作を繰り返すと「セロトニン」というホルモン（脳内伝達物質）が分泌されます。このセロトニンは〝幸せホルモン〟とも呼ばれていて、心のバランスを整えて、心と体を安定させて、やる気や幸せ感に繋がると言われていますから、喜力アップにはもってこいのホルモンです。

そのうえ掃除して体を動かすことで、知らないうちに軽い運動になっています。軽い運動で血流が良くなり細胞が活性化して免疫力がアップすることで生命力が強くなります。

わかりやすく表現すれば、自分の体中の細胞に血が行き渡って細胞がピチピチ喜んでいる状態。自分の中の細胞一つ一つが喜んでいるということは、体の中から勝手に喜力が湧き上がってくるということ。掃除するだけで自然に喜力アップに繋がるのです。

もちろん気持ちの面でも掃除は喜力を発動させることに繋がります。

よく言われる「断捨離」ですが、身のまわりの整理整頓をすることで、余計なものを捨てると気持ちもすっきりしますよね。1年に1回でもいいので、不要なものは定期的に見直してみる。整理するだけで気持ちが良くなり、すっきりした気分で喜びを感じられるようになりますよ。

今現在の私は〝不要なものを〟と考えるのではなく、大事なもの、好きなものにフォーカスすると、いつのまにか断捨離ができるようになっています。

それは〝捨てる〟という罪悪感がなくなったということで、とても嬉しく気持ちがいいです。

〝お天道様が見ている〟を意識する

子供の頃、私はよく祖父母、両親からこう言われました。

「お天道様は見てるよ」

皆さんの中にも親や祖父母からそんな風に言われた方がいるのではないでしょうか。

掃除をするという行為は、この「お天道様が見ている」に繋がるものだと私は思います。

人が見ていないからといってゴミを捨てたりする行為。そうした行為はたとえ誰も見ていなかったとしても「お天道様が見ている」のです。

これは「自分だけいいのではいけない」「他の人のことも考えなければいけない」という教えだと思います。

「人の見ていないところで徳を積みなさい」

祖母からそうも言われました。それは言い換えれば「自分のことだけを考えずに、人のこと、次の人のことを考えなさい」ということ。

掃除でいえば、よく言われることに「トイレをキレイに掃除すると運が良くなる」というものがあります。特にトイレなどの汚れがちな場所は「次の人のため」にもきれいにします。公衆トイレでもです。次の人、自分以外の人を不快にさせないことは喜力にとっても大事なこと。

少し難しい話になるかもしれませんが、人間の遺伝子の本質は種の存続、遺伝子を〝次の世代に繋げていく〟ことです。〝繋げる〟という行為は人間にとって本質的にもの凄く重要なことなのです。だとすればトイレをきれいに掃除して〝次の人に繋げる〟ことで、その人の奥底にある遺伝子のスイッチがオンして、遺伝子レベルからその人に良いことが起きる。それが「トイレ掃除をすると運が良くなる」と言われる所以かもしれません。

運が良くなりたい、お金持ちになりたいからきれいにするのではなく、「次の人が不快にならないようキレイにしたい」という気持ちが湧き上がってくる。それが結果、運の良い人、自分が望む成功者になるのでしょう。

少し話が抽象的で難しくなりました。そうした難しい話は置いておくとしても、お天道様は見ています。自分だけ良ければいいのでは喜力は発動しません。「次の人のため」「次の世代のため」「未来のため」という本来人間としてあるべき生き方をすることで、私たちが持っている人間本来の喜びを感じられるようになるのでしょう。

そうした〝生き方の癖づけ〟が喜力アップにとって大事なのです。

自分への贈り物

気持ちをカタチにすることで得られる喜び

喜力アップのために、自分への贈り物をすることも大事です。

贈り物の頻度は自由ですが、ときどき自分を可愛がってあげることも必要です。

たとえば以前から欲しい洋服があったとします。

「お財布が大変でこの服を買ったら生活が苦しいから我慢しよう…」と思いとどまるのではなく、「あ、そうだ。これは自分への贈り物だ」と思って、自分で自分の背中を押して贈り物してあげましょう。

我慢して買いたい気持ちを抑えるのではなく、欲しかった洋服を着て背筋を伸ばして歩いたほうがモチベーションが上がります。「嬉しい」と素直に喜びが湧いてくるはず。その思いが大事です。

もちろん散財はダメですよ。何も無理して高い買い物をする必要はありません。自分のできる範囲でときどき自分にご褒美のプレゼントを贈ってあげてください。

小さな贈り物から始めてみましょう。普段だったら3枚1000円のハンカチを買うところ、「今日は思い切って1枚1000円のハンカチを買ってみよう」とか。ちょっとしたグッズでもいいから、いつもはしないような、いつもと違うことをちょっとしてみる。いつもの自分と違う感覚でお金を使ってみる。

「ダイエットしてるからスイーツはダメ」と我慢してばかりでなく、「今日はご褒美」とダイエットの縛りを解いてスイーツを食べることでモチベーションがアップして血流が良くなります。

自分へのご褒美。少し難しい言葉でいえば「気持ちを物質化する」ということ。気持ちをカタチに表すことで得られる喜びがあるのです。

決して高価なものでなくていい。キッチンツールでもいいし、文房具でもいい。消しゴム1つでもいい。形にすることが大事。

業務用の消しゴムじゃなくて、「何かちょっとこれ可愛い」と思った消しゴムを1つ買うだけで気分が上がります。その消しゴムを持っただけでもちょっと嬉しい。その喜びを忘れない。次の日朝起きて、その消しゴムを見たら「そうだ、これ買っちゃったんだ」とちょっと嬉しくなって楽しい気分になれる。

自分のモチベーションを上げる〝お守り〟みたいなもの。そうしたお守りを持っているだけで、ちょっと嬉しくなれて喜びを感じられる自分に変換できますよ。

すると、自分以外の誰かへの贈り物も、相手がとても喜ぶモノをチョイスすることができるようになります。〝自分へ贈り物を〟という意識は、人のためにもなるのです。

自分にお褒め言葉を贈る

自分への贈り物は〝モノ〟だけではありません。

ときどき自分を褒めてあげましょう。自分自身へ〝お褒め言葉〟を贈ってあげるのです。

たとえば仕事が上手くいかなくて上司に怒られたとき、「また上司から怒られた。自分は本当にダメだ」ではなくて、「本当にダメなの？　…そうだ、私頑張ってるんだからこれでいいんだ」と自分を褒めてあげる。

こうした言葉で自分の気持ちを喜変換するのです。「ダメだダメだ」と思っていては、喜びを感じられずに喜力のパワーも発揮できません。自分に贈り物をあげるということは、専門的にいえば「自己肯定感を上げる」ということです。自分を否定せずに肯定してあげましょう。

自分へ褒め言葉を贈るために〝人から褒められた言葉〟をメモしておくのもおススメです。いちいち書かなくてもいいですが、人はいいことは忘れがちで悪いことをよく覚えているものです。

せっかく褒められたのですから忘れないように、できるだけでいいのでメモしておくといいでしょう。携帯にメモしてもいいし、喜力ノートに書きとめておいてもいい。「お褒め言葉」なんていう別項目を喜力ノートに作って書き溜めておくのもいいでしょう。ご自分で気分のいいネーミングをしてください。

「あなたってとってもオシャレね」と褒められて、自分では「そうかな?」とか「そうでもないけど」と思ったとしてもメモしておく。

リップサービスでもいいのです。人に褒められたら「私なんてとんでもない」とか「どうせリップサービスね。心にもないことを」なんて否定的に思わずに、「そうなんだ私って」と、とりあえず受け入れてメモしておく。誰かが褒めてくれたら、その言葉と誰が言ってくれたかを書き残しておく。

そしてときどき、メモに書かれた「あなたのいいところ」を読み返してください。

「ああ私ってこんなにいいところがあるんだ」

忘れていた自分のいいところをたくさん思い出すはずです。そして褒めてくれた人の顔を思い出して「ああ会いたいな」と思います。

それは自分にとって大切な人。その人のことを思うことで、嫌なこと、嫌な人のことはどうでもよくなってきます。

気持ちのフォーカスを悪い方向から善い方向へ切り替える〝喜変換〟が行われて、頭の中が〝喜力脳〟に変わります。

これも〝喜び〟を感じ取る癖づけ。喜力のフィルターになります。

特に落ち込んだり、最悪にひどい状態のときに「あなたのいいところ」メモを読み返してください。

声に出して読んで、自分を褒めてあげてください。

「私にはこんなにいいところがあるんだ」と思えて気持ちが楽になります。

「自分はダメだ。ダメな人間だ」と思っていては、喜力アップするどころか喜力ダウンしてしまいます。「私ってこんなにいいところがあるんだ」と思う癖づけです。

自分を否定せずに肯定してあげる。そのフィルターがあれば喜力アップして喜びのパワーが発動しやすくなります。

褒められ上手は、お褒め上手になりますよ。

自分だけの時間を持つ

〝一人の時間〟を意識する

一人の時間を持つといっても、何も人払いして一人きりになるとか、1時間瞑想するとか、そんな必要はありません。もちろん一人きりになれる環境がある人や瞑想時間を持てる人ならば、そうした時間を持ってじっくり自分と向き合うのも素敵ですね。

たとえば空き時間に近くのカフェにふらっと一人で入ってコーヒーを飲むでもいい。たとえ10分でも15分でもいいから一人になってみる。

「一人の時間を持てと言われても、忙しい日常でたった一人になる時間はなかなか持てないよ」

そう思うかもしれませんが、でも実は私たちは結構一人でいる時間を過ごしているのです。それに気づかないだけ。

たとえば通勤電車の中だって〝一人〟です。満員電車でまわりにいっぱい人がいたとしても、誰も自分のことを知らない人ばかりで、実は〝自分一人〟です。

コンビニにちょっと買い物に行く時間も、よく考えれば〝一人〟。

通勤途中の道で歩いているときだって〝一人〟。

人との待ち合わせに15分ぐらい先に行って一人で待っている時間も〝一人〟です。

でも〝一人〟だと意識していないだけ。

まわりに人がいても構いません。〝一人でいること〟を意識することが大事です。

「〝一人の時間〟を意識する」というのは「意識として自分一人の時間を持つ」ということ。

それはつまり「自分を意識する」「自分のことを意識して見つめる」ということです。

自分を意識するようになると「最近ちょっと無理しすぎて調子悪かったかもしれない」とか「そういえば最近忙しくて趣味に時間を使ってなかったな」とか「明日の休みは何着ようか」とか、普段は気づかない、考えないようなことを考えたりします。

それは日常から離れるということ。その結果、見えてくるものがあります。

私たちは社会の中で生活している以上、常にまわりの目を気にしてしまいます。「人の目が気になる」とか、「人からどう見られてるか心配だ」とか、〝一人〟を意識しなければ、常に社会に拘束されている状態なのです。

「一人の時間を意識する」というのは、そうした束縛からの解放です。

へたをすればがんじがらめになっている自分の心を少し緩めてあげてください。

「あ、今私だけの時間だ」と意識すればいいだけですから、どこでもできます。

たとえ5分でも構いません。「一人の時間を持つ」ことで「自分を意識する」ようにしてください。意識的に「一人である」時間を持つ癖づけをしてください。

自分に意識を向けることで、自分にとっての喜びも見出せるようになり、埋もれていた喜力が発動しやすくなります。

「喜力アップ」するための〝習慣・癖づけ〟をご紹介させて頂きました。

あくまでもこれは私なりのやり方です。

喜力アップにルールはありません。

ぜひ皆さん、ご自分に合ったやり方で、自分流の喜力アップ習慣を続けてみてください。

第4章

喜力をアップさせる言葉「喜力処方箋」

心のしこりをほぐしましょう

ここまでお伝えしてきたように、「喜力」とは自分の心の奥から湧き上がってくる喜びのパワーです。心が固く閉ざされていては本来発揮されるべき喜力が発動されません。喜びを感じるため、喜力をアップさせるためには、心のしこりをほぐしましょう。

ここでは「心のしこりをほぐすための言葉」をご紹介します。

何がその人の心にしこりを作っているのか？

そのしこりの原因によって、タイプ別にかける言葉も違います。

あの頃の私は、社会からもう見放されてしまった、すべての人に嫌われている、馬鹿にされていると、被害妄想に近い全面的に自己否定をしていました。思い出すととても恥ずかしいですが、あのときは未来だった今の自分が、過去の自分を可愛くも思います。

そのときにかけていただいた言葉と、その後自分が昔の自分のような方々にかけた言葉。

これは、心の免疫力をアップさせる言葉。喜力アップのための〝言葉の処方箋〟です。

自分はもちろん、まわりにいる人に対しても、ここでご紹介する言葉をかけてあげてください。心のしこりがほぐれて喜力がアップします。

〝自分は認められていない〟と自己否定して苦しんでいる人へ

「自分が思うほど、人は思っていないよ。自分が思うを〝100〟とすれば、人は〝3〟くらい。いや、3もないもんだよ」

「自分はそのままでいい。最初はそう思えないけど、このままでいいんだよ」

「人からの評価に無関心になってみよう。そうすれば楽になれる。もう自分にとって不快な人を気にするのは無駄な時間。どっちが正しいかどうかはどうでもいい」

「他人の目に自分がどう映るかではなく、自分にとってどうあるかじゃないかな」

「ノイズにアンテナを合わせているのは自分。とっとと変えるのです」

「自分が認められないことで悩むのってパワーがいるよね。だから今のままでいいんじゃない」

〝自分〟を認めてあげましょう

これらの言葉は私の体験から出た言葉です。私自身、「自分は人から認められていない」と悩み苦しんでいたとき、こうした言葉によって救われました。

「自分は人に認めてもらえなくて辛い」

人は誰しも、まわりの人に認めてもらいたい欲求があります。

「何でこんな自分なんだろう」

そんな風に自分を責めてしまうことは誰しもあります。「私は認められている」なんて自信を持って言える人などいないのです。いつも強がっている人でもそれは表面的にそう見えるだけ。100％自分に自信を持っている人などいません。もちろん私もそう。

みんな「自分はダメだ」と勝手に思い込んでいるだけ。勝手に思い込んで心が固く閉ざされた状態。これでは喜力は発動できません。

「いいんじゃない。自分は自分で」

そう思えなくても、自分を自分の子供のように騙し騙し緩めることから始めましょう。良い勘違いは良い処方箋になります。

道端に咲いているタンポポの花を見ようぐらいの軽い気持ちで、自分に対する見方をちょっと変えてみてください。

「自分を見てもらえない」「人に評価されたい」と思ってしまうのは、「誰かにとっていい子になろう」という人生を送ってきたから。

「いい子になりなさい」

「人に迷惑かけないようにしなさい」

「勉強しなさい」

子供の頃から親にそう言われて育ってきましたよね。それができないから自分を責めてしまうのです。幼少の頃の体験はなかなかしぶとく残存します。

〝誰かにとっての自分〟はいったん忘れましょう。結局〝自分〟なんです。自分は自分です。人に依存しないこと。まずは自分の心を縛っている「誰かにとっての自分」から自分を解放してあげてください。

たとえば渋谷駅のハチ公の像を前にして、「皆さんは、この像に向かって何て問いかけますか？」と尋ねてみると、様々な答えが返ってきます。

これは大学の授業でも行っているのですが、ハチ公が何者か知らない生徒もおり、とても興味深い答えを聞くことができます。ほんの一部を紹介します。

「有名になって嬉しいですか？」

「年はいくつ？」

「誰が作ったの？」

「本物は白いはずだったのに、なぜ黒くされたの？」

「もうご主人様とは一緒に天国なのに、こんなうるさいところにいて嫌じゃないの？」

「そこで何しているの？」

「あなたは何犬？」（そもそも〝忠犬ハチ公〟を知らない）

みんな違う問いかけをします。

結局それだけ人はその人に対して違う見方をしているということ。それだけ自分のことを違った目で見ているものを、あなたは全部受け止めようとしているのです。

ハチ公の本当の気持ちはハチ公にしかわかりません。あなたのことはあなたにしかわかりません。

いろいろな人にいろいろなことを言われて、自分のことがわからなくなってしまっているのです。「ああそうなのか」と思い込んでしまうのです。

人間は完璧じゃありません。みんなどこか欠陥があります。欠陥もあれば良いところもある。それが人間です。だから自分のことをダメなんて思わずに、自分を認めてあげましょう。

あなたは、世界で唯一無二の存在なのです。

〝認められない自分〟を素直に認知しましょう

「自分は人から認められない」と感じたならば、「じゃあ何で認められないのか」と〝認められない自分〟を素直に受け入れて知ることから始めましょう。自分を認知することで心が軽くなります。

自分はキャベツなのにバナナになろうとするから負担になる。タンポポがバラの花になろうとしても無理なように、自分は自分なのです。

「自分って何だろう?」

まずは自分を認知して、自分を認めてあげてください。

〝人から認められない＝自分のことを自分で認めていない〟ということ。

まず自分を認めてあげましょう。自己否定をやめましょう。自分に対する罪悪感をまずは取り除いてください。

人からの評価なんて気にする必要ありません。

自分自身を知ろうとせず認めてあげていないから「人に批判された」とか「人に拒否された」とか勘違いしてしまうのです。

そうはいっても最初はどうしても人からの評価を気にしてしまうでしょう。

でも自分のことを認めて自分自身を認知する癖づけを1か月ぐらい続けていると、心のしこりがほぐれて軽くなってきます。「そういえば悩みが消えてたな」ということはよくあること。

「いいんじゃない、これで。自分は自分だから」

自分を責めずに心を少し緩めてください。

ほんの少しチャンネルが変わっただけで自分の中にあるノイズが消えて、きれいな声が聞こえてくるようになりますよ。

不安や心配、疑心暗鬼に捉われている人へ

「完全に成し遂げようと焦るよりも、それをやっているプロセスの中のあなたが素晴らしい。むしろ手を抜いたほうが、結果いいことって多いよね」

「仕事が上手くいくことよりも、その仕事に喜びと楽しみを見つけてみたら？　結構それで〝あら！　できてるの〟ってなるもの」

「失敗や痛みは、それはあなたが強くなるためのプロセス。骨折した腕の骨は太くなって丈夫になるわ。失敗したことを喜びに変換すると、落ち込んでいるより百倍の肥やしになって次の収穫が楽しみ」

「自分がダメだと思ってしまったら、〝ダメでなくムダ、もったいない〟と自動変換する癖をつけること。ダメだと思うことは実は自分を傷つけてしまっているのよ。ああ、もったいない。〝ダメ〟でなく〝ムダだ！〟と思うようにしてみて」

「そのプルプル怯えている対象は、本当に怯える必要があるのかな？　過ぎてしまえばすっかり忘れていることのほうが多くなかった？　怯えるなんて自分の妄想幻想でしかなかったことがほとんど」

〝不安でプルプル〟を〝喜びでプルプル〟へ変換しましょう

まだ起きてもいないことに怖がりすぎる。そういう人が多いものです。

「こうなったらどうしよう…」

「ああなったらどうしよう…」

そんな風に思って恐れてしまう。

人生において、本当に恐ろしい事態になることなど、そうそうあり得ません。無意識に自分で誇張してしまい、実は無いものを在るもののようにしてしまっているのです。出もしない幽霊を恐れて「幽霊が怖い…」と言っているようなもの。

不安や心配に思っているような〝悪いこと〟は、ほぼ96%の確率でリアルには起こりません。これはちゃんと科学的なデータでも証明されています。アメリカ・ミシガン大学の研究チームの調査結果によれば、「心配事の80%は起こらない」という結果が公表されています。

では残り20%はというと、「そのうち16%は準備をしていれば対応できる」といいます。

つまり不安や心配事のうち実際に起きて困るものは、たったの4％。しかもその4％にしても〝準備のしようがない〟類のもの。だとすれば不安や心配に思ったところでどうしようもないことなのです。

つまり4％しか起きる確率がない悪いことを恐れて「そうなったらどうしよう…」と疑心暗鬼に捉われているだけ。100回のうち5回も起きないことを心配しても仕方ありません。

「今日子供が学校に行ったけど何かあったらどうしよう…」

「車で遠出するけど事故になったりケガしたりしないかな…」

「大切な仕事をミスしたらどうしよう…」

そんなことを心配したってしょうがない。そんな起きてもいないことを恐れてマイナス思考に陥るのは無駄です。万が一起きたら、そのときにできることをすればいいだけ。まだ何も起きていないことに意識を向ける時間があったら、もっと善い方向に意識を向けたほうがいい。

大きな震災に遭遇したとき、普段から不安心配性の人は冷静になれずパニックになりやすく、助かるチャンスも逃しがちの傾向にあると言われています。

「今日もし何か嫌なことがあったらどうしよう…」と怖れるのではなく、「昨日はお友達と会って楽しかった。今日もまた楽しい出会いがあるといいな」と、善き方向に意識を向けましょう。不安心理、疑心暗鬼に捉われるよりも、小さな喜びに目を向けてください。

最近では脳科学でも「脳が〝この人は喜んでいるんだ〟〝幸せなんだ〟と思うと、脳が喜びや幸せなことをキャッチする信号を出す」ということがわかってきています。

たとえば「会いたい」と思っていた人にばったり出会うようなシンクロという〝引き寄せ〟のようなことが起きてきます。おそらく皆さん、そういう話も本を読んだりして知っているのに、現実的にはどうしても〝悪い方向〟に考えてしまいがちです。

逆に「この人は〝不安〟や〝心配〟〝恐れ〟を感じている」と脳が感じてしまうと、マイナスの情報をキャッチしたり、たいしたことない問題でも大きく捉えてしまいます。恐れれば恐れるほど、どんどんおかしな情報に反応してしまうようになります。

それはまるで傷口に塩を塗るようなもの。たいしたことないケガなのに、余計に痛くしてしまう。

その原因は自分です。大騒ぎしますが、それ、ご自分なんですよ。もう少し冷静になって、自分の頭をクールダウンしてください。

よく「2人に1人がガンになる」と言われていますが、あなたのまわりをよく見てください。2人に1人、ガンになっていますか？

何でも不安、何でも心配しすぎていますよ。

自分の発想を転換してください。悪いことに目を向けずに、善いことに目を向けてください。意識して、いい方向に考える癖づけをしてください。

下を向いて息を吐くと〝ため息〟になります。空を見て息を吐くと〝深呼吸〟になります。考え方一つで、その感情が天と地ほど変わってしまいます。

不安でプルプル震えていると思い込んでいるけど、実はそれは武者震い。〝不安でプルプル〟を〝喜びと未来への希望でプルプル〟へ。発想の転換をしてみましょう。

それが喜変換。

自分の頭や体のリズムを〝不安や心配〟から〝喜びや嬉しさ〟に変えていきましょう。そうすると、身のまわりにある〝いい情報〟をキャッチするようになって、自分の内にある喜ぶチカラ、喜力がアップして生きるチカラが強くなります。

辛い過去に苦しんでいる人へ

「罪悪感こそが、一番厄介なんです」

「過去のことは無意識に突然思い出したりするよね。そんなときは家族に優しくするときなのだと思ったり、お世話になった人に〝ありがとう〟を伝えたり、後輩にご馳走したりする。そうすると、なぜかわからないけど、心が軽くなる」

「人を傷つけてしまった後悔とか、たくさんあるよね。自分を責める感情、罪悪感って誠実な人ゆえにだったり、協調性の裏返しとも言われています。でも相手を自分に置き換えてみると、その傷つけられた体験って、自分の成長の糧になっていない？」

「過去から学んだから今があるのだから、いずれ過去になる今を〝いい過去〟にする」

「思い出したくないのに思い出してしまうから、そういうときは好きなことや有り難いことに集中してみる」

「今の痛みは〝誰かのためになるため〟でもあると思う。家族や仲間たちも、過去の辛いときは必ずあるから」

〝過去〟から〝現在〟へと視線を向ける方向を変えましょう

過去は決して忘れられません。誰しも無意識に思い出したりしてしまいます。それは人間の煩悩。避けることはできません。もちろん私もそう。

そんなとき私は、家族に優しくしたり、お世話になった人に「ありがとう」を伝えたり、後輩や友人の様子を伺いアドバイスしたり、ご馳走したり、過去ではなく〝現在〟に目を向けて行動するようにしています。

優しくされたり、ありがとうと言われたり、ご馳走されたりして嫌な顔をする人はいません。みんな喜んでくれます。そうするとなぜか過去の辛かったこと、後悔していることが消えていきます。〝消える〟とまではいかなくても薄まっていくのです。

自分の行為で喜んでくれる人を見ると、「あ、大丈夫だ。私は今こうやって素敵な人たちに囲まれている」と思えてきて、過去に対する罪悪感や後悔の念から〝今の喜び〟へと意識が切り替わります。

これは自分の意識を〝過去〟から〝現在〟へと無理やり引き離す方法です。過去にあったことを後悔したり、いつまでも罪悪感を背負っていても仕方ありません。罪の意識から逃れることは悪いことではありません。いくら後悔しても過去は変えることができないのですから。

だから意識して人のためになることをしてみてください。それは自分の内に籠っている後悔や罪悪感といった感情を解放することに繋がります。そうすることで不思議と自分の過去の嫌だったことが薄められて癒されてきます。

もっと目の前にあることに目を向けてください。目の前の人に〝いいこと〟をすることで自分の中にある喜力が蘇ります。

過去は変えることはできませんが、その影響から解放されることはできるのです。

〝過去〟を見る目を新しくしましょう

どうしても自分が誰かを傷つけてしまうことはあります。私自身「本当に申し訳なかった」という後悔はいっぱいあります。

でも、反対に自分も傷つけられたこともあります。そしてそれは今振り返ってみると、自分にとっての勉強になっています。

その人に言われて嫌な思いをしたとか、あの人と二度と会いたくないとか、ケンカしたけど向こうが悪いのに謝ってもくれないとか、そうした経験は必ずあるでしょう。

でも、よく考えてみてください。そのお陰で、そのときにちょっと立ち止まって考えられたとか、そのお陰で次の仕事に繋がったとか、自分はそうならないように気をつけたとか、自分にとってむしろ良い経験になっていることがあるのではないでしょうか。

私自身もそうです。かつて信頼していた人たちに裏切られて多くを失ったことで、結果的には今の環境、今の自分があるのです。

そう考えると、過去の時点では自分も相手に嫌な思いをさせたとか、相手からすれば自分が悪いことをしたと思われたかもしれないけれど、もしかするとその経験がその相手にとっての良い経験、その後の糧となっているかもしれません。その人の成長のためのきっかけとして自分が使われたのかも。

自分がそうだとすれば、相手だって同じこともあるでしょう。だからみんな同じ。誰だって過去のことで後悔したり罪悪感を感じているのです。

「だからもういいんじゃない？」

そう考えてみましょう。

私自身の体験談をお話しします。

高校時代にケンカ別れしてしまった友達がいました。おそらくたいした原因ではありません。些細なケンカから絶交状態でした。あれからずっと、ときどきひょんなときに思い出されては、なんとも言えない苦い思いと、すぐに仲直りしなかった後悔に心が落ち込み、ため息をついたものです。

その後、久しぶりの同窓会で彼女に再開したときに、思い切ってあのときのことを話してみました。すると彼女も私とまったく同じ思いだったことを知り、「そういえばなぜケンカになったんだろう?」と、お互いに顔を見合わせて笑い合いました。

自分だけが苦しいと思っていたのですが、相手も平気なわけがないということを、そのとき気づいたのです。自分だけが被害者でなかったと。

そのお陰で、胸が苦しくなる過去の出来事も良い経験になりました。この経験が「相手の気持ちを察する必要性」を私に教えてくれたのです。

これも私が成長するために必要な一つのプロセスだったのでしょう。常に過去を見る目を新しくできることが、過去を活かしていくことになるのだと思います。

過去を引きずって〝申し訳ない〟とずっと思っていると、喜力が萎んで生きるチカラもどんどん弱くなっていきます。

私なんて過去を振り返れば〝申し訳ない人生だらけ〟です。逆に私も過去にいろんな人に嫌な思いをさせられてきました。でもそれが良い経験になって、良いきっかけとなっていろんな良い出会いがあったり、今があります。

みんなお陰様。過去の辛い経験や苦い思い出も生きるための肥しです。私の経験でいえば、たいしたことないことで何十年も悩んでいてバカバカしかったけれど、それを悩むことでそういう失敗を二度としないようにしてきました。

役に立っているのです。過去のことも全部。

過去に向き合うことも大事です。でも過去を振り返って後悔や罪悪感をずっと抱いていては自分のためになりません。

どんなフィルターを入れ替えるかで、見えるものが変わってきます。いつだって自分の視点を変えるだけで、１８０度変わることができるのです。

「過去は今の自分のために活かされている成長のためのプロセス」と視点を変えることで喜力アップに繋がります。

無意識に現実逃避している人へ

「どんな困難でも、必ず対応策や解決策はあるから考えていこう」

「間違いのない解決を求めるのではなく、今できる実行プランで半歩でも前進してみる。時間はかかっても解決に近づいていく」

「失敗って、人間としての本来の価値とは無関係」

「事実を良いも悪いも受け入れる人が、事実から素晴らしい贈り物がもらえる」

「ありのままに受け入れて直視できる人が、〝今何をすべきか〟が明確に見えてくる」

臭いものには蓋をしないようにしましょう

人はどうしても嫌なことから目を背けて現実逃避しがちです。とはいえ、どのような現実でも〝事実〟そのものは変えられません。いつまでもその事実から目を背けていては何も進みません。まずは、ありのままの現実を受け入れること。ありのままの自分を受け入れ認知することから始めましょう。

どんなに辛くて嫌な現実でも、そこから逃げないほうがいいのです（※ただし過去の罪悪感からの逃避はおススメ）。不思議なもので、悪いことを受け入れて認知することでむしろ傷は小さく済みます。自分では大変なことと思い込んでいるけれど、ありのままに悪いことも直視してみると、「あら、それほどたいしたことないわ」と思うものです。

逆に現実逃避して、悪いことを受け入れ拒否していると、傷口が広がっていくようにそこからどんどん膿が出てきます。傷跡が悪化していくばかり。

何よりもまず事実は事実として受け入れ認める。どんなに嫌でもです。そして現実逃避をやめて、ありのままを直視したあとは、その問題を抱えて〝もがかない〟ことです。いったん〝放置〟して頭を冷やす。時間という時の魔術師を利用して冷静になりましょう。

悪いことがあったとき、私はよく「スルーしなさい」「放置しなさい」とアドバイスします。いったんすべての現実を受け入れ認めたうえで、放置して冷静になるのです。答えは時の魔術師のサポートによって、必ず結果として出てきます。

私はそういうときには「いったん現実を受け入れ認めよう」と自分に言い聞かせながら、料理したり掃除したりして体を動かすようにします。現実問題にばかり目を向けてしまうと、どうしても視野が狭くなってしまいます。そうなると、どんどん悪いことばかりに目が向いて疑心暗鬼の塊になります。最初に受け入れた問題より、悪い方向へ広がっていってしまうのです。

問題を直視したら、そこからいったん離れて〝放置〟する。放置プレーは良策です。間違えてはいけないのは、ただ単に放置すればいいということではありません。いったん受け入れ認知したあとに放置です。

嫌だから見たくもないと放置するのは、その事実に蓋をしてしまうこと。「臭いものには蓋をしろ」と言われますが、それをするとまた同じことを繰り返すことになります。

よく言いますよね。「なんだかいつも同じこと悩んでる」って。「なんだか私いつも人間関係で悩んでる」という人は、結局そのときそのときで現実の問題を受け入れて認めていないのです。現実逃避していると、いつまでも同じことの繰り返しです。

人間は嫌な事実はどうしても認めたくありません。だって嫌ですから。自分を否定するようになることが多いから。

でも「もう嫌だから」「怖いから」と臭い物にとりあえず蓋をするのは本当の解決にはなりません。それは小手先の対処療法。根本治療ではありません。

だからいったん良いも悪いも受け入れて認知すること。

喜力というものは、365日ただ喜べばいいというものではありません。苦しむことがあって初めて喜びという実感もあります。白いところに白いものが入ってもわからない。でも黒いところに白いものが入るから「白だ！」と初めてわかることがあるのです。

現実逃避は〝事実逃避〟です。事実は事実としていったん受け入れて認知しましょう。

そして、そのあとは放置して、もがかないこと。冷静に受け入れること。

現実という事実を受け入れ認知することで自分も変わります。そこから素晴らしい答えが見えてきます。

無力感や無気力に悩んでいる人へ

「夢中になれるものってある？　子供の頃に夢中になったものでもいいから、とにかく夢中になってみることにチャレンジしてみて」

「すぐに夢中にはなれなくてもいいから、またチャレンジしてみる。そうするとだんだん無気力から抜け出す癖づけになってくる」

「過去の成功体験を思い出してどっぷり浸かってみると、〝結構自分って凄いな〟って思えるもの」

「無力感や無気力になったら、〝それもいいか〟としばらくボーっとすることも選択肢。ボーっとすることに罪悪感は感じなくていいから」

「そういうときって知らないうちに何でもルーティン化してるから、いつもと違う道を歩くとか、一駅先のスーパーに初めて行ってみるとか、小さな刺激の積み重ねをするとドキドキしてくるもの」

「そんな自分に〝さよなら〟を言い続けてみる。言葉で自分をコントロールしてみましょう」

「自分はダメだ」と思わないようにしましょう

私にも経験がありますが「何もやる気が起きない」ときがあります。なんだか気分が晴れずに無気力になったり、無力感を感じたり、とにかく何もやる気がない。誰でもそういうときはあるものです。

そんなとき「こんなことじゃいけない」とか「私らしくない」とか、そんな風に思わないでください。

やる気が起きない無気力な自分を「いけないいけない、こんなことじゃダメ」なんて思う必要はありません。いつも人前でハツラツとしているからといって、「いつもの私でないといけない」なんて自分で自分を苦しめることはありません。誰にでも、できないときはあるのです。

だから〝そういう自分〟を認めてあげましょう。いつものような自分でいられない、そういう自分を認めてあげるのです。「自分はダメ」と思ったら、「そう感じるのがムダだ、もったいない」と思い込むことです。

でも、やっぱりそれでも辛いときもあります。そういうときは、いつもと違うことをやってみましょう。いつもと違う道を歩いてみるとか、初めてのレストランに入ってみるとか、以前からやりたかった趣味をやってみるとか、気になっていた映画を見てみるとか……何でもいいから普段と違うことにチャレンジしてください。

いつもと同じルーティンをこなすことは楽です。でも何の新たな発展もありません。自分が充実して上手くいっているときは同じことをするルーティンで構いません。ルーティンの本質は〝バランスを取る〟こと。だから上手くいっているときは、あえて新しいことにチャレンジしなくてもバランスが取れているルーティンでいい。

でも逆に上手くいかないとき、自分が落ち込んでいるときなどにはルーティンでは何の変化もないので変わりようがありません。だから新しいもの、新しいことに挑戦してみる。

今までやったことがない趣味を始めてみるのもいいでしょう。

日常から離れてふらっと温泉に行ってみるのもいいでしょう。

喜力の源泉は皆さん誰もが持っているのです。無気力だったり無力感でいっぱいになっているときは、その喜力の源泉へと繋がるポンプが動いていない状態です。

だから自分を「ダメだ」と否定せずに、そういう自分を認めてあげること。そのまま素直に受け入れることで、喜びを感じるスイッチが切り替わり、再びポンプが動き出します。自分の生命を大事にするというスイッチが入るので、喜力の源泉がどこどこと溢れるようになるのです。

いつもと違う道を歩いてみる、普段読まないジャンルの本を読んでトンチンカンでも新鮮な刺激を受けてみる、いつもと違うことをしてみる。やったことがないことに挑戦することで「私こんなことできちゃった。見た。知った」と小さな喜びを感じることができます。それが喜力を発動させるきっかけになります。

冬の間、枯れているように見える木だって、春になっていっぱい花を咲かせるために、冬の間に頑張って根を張っているのです。でも見た目は枯れているから人から相手にされず気にもとめてもらえない。人から見られる木からすれば、自分が「ダメね」と言われているように思えるかもしれません。でも実は春に備えて立派に頑張って根を張っている。

人間も同じです。そういう時期は必ずあります。生きていれば落ち込んで無気力になったり、無力感でいっぱいになることはあります。いつもハツラツと元気に頑張れるわけではないのです。

「いつもの自分じゃない。こんなことじゃいけない」なんて思わないでください。

「自分はダメだ」なんて思わないでください。

いつもの自分じゃなくていいのです。

「今の自分はダメでもいいんです」と開き直ってください。

そういう時期は人間も木と同じように一生懸命根を張っているのです。次の春にいっぱい花を咲かせるために。

落ち込んで喜びを感じられない時期があるからこそ、その経験が次に繋がって〝小さな喜び〟にも目が向くようになる。喜力の源泉から喜びが溢れ出すようになるのです。

やったほうがいいとわかっていても躊躇してしまう人へ

「やってみると、やる気が出てくるものだよ」

「行ってみたいと思ったら行ってみよう。やってみたいと思ったらやってみようよ」

「やる気を起こすのはやる気が起きてからやるのではなく、まずはアクションから」

「好奇心がちょっとでも動くことにチャレンジしてみること。その積み重ねをしていくと、いろいろなことに好奇心が湧いてくるようになる」

まずはエイッとやってみましょう

「これ面白そう。やってみようかな」

「絶対にやったほうがいいよね、自分のために」

そう思ってもなかなか行動を起こさない人がいます。やったほうがいいとわかっていても躊躇してしまう。いつまで経っても一歩踏み出せない。そういう人は意外に多いのではないでしょうか。

残念ながら、そういう人たちは喜力が湧き上がるパワーは微弱です。なにしろ行動を起こさないのですから喜力の源泉から喜びを引き上げることができません。

では、そういう人たちはどうしたらいいのでしょうか。

〝前向きになる〟とか〝やる気を起こす〟ためにどうしたらいいのか？

それは〝とにかくやってみる〟こと。結果や、やる意味など探らないことです。

これは私自身がわかったことですが、たとえばちょっと気が重い仕事で「やってみようかどうしようか」と迷って躊躇しているようなことでも、いざやり始めたらモチベーションが出てくるものなのです。逆に動かなければ、いつまで経ってもモチベーションが起きてきません。「モチベーションが上がったらやってみよう」では、結局やらずに終わってしまうことが多いのです。

やる気とか集中力とか興味とか好奇心といったものは、自分からアクションを起こすから出てくるのです。ただ待っているだけでは何も生まれません。

とにかく自分から動くこと。

ちょっと気になっていて「行ってみたいな」と思ったら行ってみる。「時間がないから無理」ではなくて、時間がなくても行く方向に動いてみる。善処したけどどうしても物理的に行けなかったということもあります。そういうときは次回チャレンジです。

実は皆さん、興味があること、やってみたいことはあっても、自分がそれを掴んでいないだけなのです。好奇心が刺激されているのに、実際にやらないだけ。それはもったいない。

「やってみると、やる気は出てくる」

やってみることで前向きな気持ちになれたり、喜びを感じることができたりします。その行動は喜力の強化にも繋がります。やる気のワクワクは喜びの波動と同じなのです。生命が輝くからでしょう。

この本を読んだ方も「やったほうがいいかな」「これなら私もできる」と思ったら、まずやってみてください。「やったほうがいいけど…でもなあ」と躊躇せずに、できることからやってみてください。

〝ムーブメント（運動）〟とは文字通り〝ムーブ（動く・進む）〟です。喜力の源泉から喜びがどんどん湧き上がってくるという〝心のムーブメント〟を起こすためにも、喜力アップのための行動を起こしてください。それが心と体の免疫力を高めて〝生きるチカラ〟をパワーアップしてくれるのです。

失敗する恐怖に悩んでいる人へ

「完璧にやろうとしなくていいから、まずできるところから小さく生んで大きく育ててみよう」

「成功することは望ましいことではあるけど、絶対必要条件ではないよね」

「〝成功〟に必死になるのではなく、そのときの環境や条件で最善化するプロセスに夢中になることを優先してみる」

「やってみての後悔より、何もしなかったことの後悔って大きい。だってまだ何もしてないのに恐れているんだもの」

「失敗しない、成功だけの人生の人っているのかな」

今できることを〝最善化〟しましょう

「〝失敗したら困る〟とフリーズしてしまう」

「いつでも安全策を取ってしまう」

たぶん、そういう人は失敗を恐れるあまり、いつも一歩踏み出せずにいる人なのでしょう。あるいは失敗する恐怖に怯えることで実際に失敗してしまったり。

失敗を恐れていつも安全策を取っていては、その人の能力は成長しません。たとえ資格や学歴があっても、いざ現場に立つと使い物にならないような人は世の中にたくさんいますが、普段からチャレンジして経験値を積み上げていかないと、資格や能力は本当の意味で身につかないのです。

失敗する恐怖に悩んでいる人は、往々にして自分の力以上のことをしようと考えがちです。だから「失敗したらどうしよう…」と必要以上に失敗を恐れてしまうのです。自分に今できること以上のことをやろうとするから「失敗したらどうしよう…」となってしまう。

そうではなくて、与えられた条件で最善の策を取る〝最善化〟をしましょう。「この予算でこの人数で」を最大限に活用するのです。

完璧を求めるから失敗が怖くなる。完璧をやめましょう。

重要なのは最善化。今の自分の環境、情報、経験値、それらの中で最善化して出てきた策を講じる。

「あと2週間あればもっといろいろなことができたのに」

「もっとお金があれば今よりもっと大きいことができるのに」

そんな風に考えがちですが、それは必要ないのです。

今できることをやり切ること。今できる中で最善化すること。

「今日を最善化する」

今、自分の中にあるものを最善化していくことです。できることをやることで小さい成功を積み重ねる。小さな成功体験を積み重ねることで喜力も養われます。結果の良し悪しではなく、そのときそのときの最善化したことへの達成感が大事です。

無理に必要以上のことをする必要はありません。最善化して行うことが自分の中の喜ぶチカラをアップさせます。

小さく生んで大きく育てましょう

私がいつも忘れないようにしている二宮尊徳先生の言葉があります。

「分度」と「積小為大」。

「分度」とは、自分の置かれた立場や状況をわきまえて、それにふさわしいことをするのが大切という教え。言い換えれば「分をわきまえる」ということ。

「積小為大」とは、小さな積み重ねが大きな成果に繋がるという教え。

この2つはまさに〝最善化〟です。

基本は身の丈に合ったことをすることが大事。そして小さく生んで大きく育てる。

いきなり大きな成果を求めるのは、身の丈以上のことをしようとしていること。

たとえば商品を扱っているとすれば、自分の商品が有名デパートに置かれることは名誉だからと最初から有名デパートに売り込みに行く必要などないのです。それよりもまずは目の前のお客さんが大事。知らないお客さんに買ってもらおうと思わなくていい。目の前のお客さんに商品の良さが伝われば「この商品はいいよ」と自然に広がっていくものです。

実際にそうして口コミで広がっていった結果、有名デパートに商品が置かれるようになった実例もあります。小さな喜びを積み重ねることで、そこから自然に人のご縁や絆が繋がっていきます。

たとえばイベントだとして、最初から1000人来なくてもいいのです。来場者が30人でもその30人が全員十分に満足して帰って頂けたのなら、次のイベントではその30人から広がって、もっと多くの来場者が来てくれるようになるものです。

最初から1000人集めようと無理して失敗するよりも、「今できることでいいんだ」と思えば、失敗に対する恐怖心も薄らぎます。それが成功を呼び込み、喜びに繋がる。その小さな喜びを積み重ねることで、やがて大きな喜びとなる。自分の中の喜力がどんどん湧き上がってくるようになります。

そのためには最善化です。そして小さく生んで大きく育てるのです。

小さなことを喜ぶと、大きな喜びが生まれます。

「こんなささやかなことで喜ぶのなら、もっともっと喜ばせたい」と思うものですよね。誰かがそう思うことだけでも、喜びが連鎖していくのです。それが小さく生んで大きく育てることに繋がります。だから最初から大きな喜び（成功）は求めなくていいのです。

ただし一つだけお伝えしておくと、ときどき〝エイッ〟と走り出す船に乗ってしまうことがあります。夢を持ってちょっと背伸びをしてやってみるときもあっていい。少しだけ最善化の範囲を広げてみてもいい。それは自分の可能性を広げることに繋がります。だからときには自分の身の丈を少し超えたものに挑戦するのもいい。

ときどきそういうタイミングのときって来ますよね。喜力のある人は、そのタイミングを逃しません。ご自分の感性で、そのときは〝エイッ！〟とです。

非難されるとつい攻撃的になってしまう人へ

「非難から自分を守るために、相手に非難を返すのは、最悪の事態に発展してしまうから気をつけないと。これはルールね」

「他人の言動が気に入らないのは、私たち人間にとって自然な感情らしい。だから否定するのではなく、離れる。それに限る」

「自分を主張するならば、それと同じくらい相手の主張も大切に考えてあげよう。考えが違っていい。でもどうしても自分の考えと合わないとき、やはり距離を置くようにしたほうがいい」

「自分が言動を誤ったからといって、自分は悪い人だと自分を非難することはないよ。誤ったら、きっちりと心の中でまず謝ることから。責任と非難は区別すること」

「〝相手が自分を責めることで生まれるものは何だろう〟と自問してみるといいよ。〝私はぞっとするので即退散！〟と言って、その感情に結界を張ることにしてる」

意識を善き方向に転換しましょう

自分が誰かに非難されると、つい自分も相手に対して攻撃的になってしまう。自分の言動を相手から非難されて悩み苦しんでしまう。

こうしたことはよくあることです。

自分の言動を責められたときはどうしたらいいのか？

相手の非難が身に覚えがなくても、まずはそういう事態になったということを自分で認めて心の中でまず謝ることです。誤解してとられたとしても、相手にとってはそれが真実なのです。「ごめんなさい」と謝ることで責任は取る。謝って責任を取ったら、そこから少し距離を置きましょう。いったん冷静になるのです。

「私はそんなつもりでやったわけじゃない」とか「何でそんな昔のことを今頃言ってくるんだろう」とか、非難されたことをいつまでも考えてしまいがちですが、いったんそのことから距離を置きましょう。

相手から非難されると、つい感情的になって自分も相手を非難したくなりますが冷静になって落ち着きましょう。非難を非難で返す非難の応酬は最悪の事態に陥ります。喜びを感じる喜力の源泉のポンプは、急激に萎えていきます。

たとえば身に覚えのない理不尽な非難を浴びたとしても、こちらから責めるようなことはしてはいけません。相手を許すわけではないけれど、非難を返すことはしない。わかりやすくいえば〝大人の対応〟です。

いったん冷静になることで結界を張るのです。自分の心を守るバリアです。そちら冷静になって距離を置いてみると、実は別方向では〝いいこと〟も起きています。そちらに意識を向けましょう。人から非難されたことで毎日暗くなってふさぎ込んでいると、身のまわりにあるいいことに気づきません。

いつまでも悪い感情を引きずるのはやめましょう。意識を善き方向に転換すると、他で善きことが出てくるものです。

悪いことから離れて、善きことに意識を向けてください。意識を善き方向に転換すると喜力がアップします。

「受喜受喜・善喜善喜（うきうきよきよき）」です。

自分を責めたり自己否定の強い人へ

「それは本当に事実なのかしら？　自分の悪いところばかり気になるのは誰にでもあるよね。でも一つでも自分のいいところだけを見つめてみて。すぐに悪いところが出てきちゃうのだけど、振り払って一点を集中する訓練をしてみるの」

「過去に褒められたことを思い出してみて。謙遜しながらも嬉しかったことを思い出すだけでも、どこからか喜ぶチカラが出てくるのよね」

「心の苦痛を取り、不愉快な憂鬱から解放するのは、その今の心の持ちようを変えるだけでいい。でもわかってはいるけど、なかなかできない。できなくても日々そのフィルターを意識して癖づける。いつの間にか軽くなってるから不思議。形状記憶になったらめっけもんですね」

「コンプレックスを個性や特性と変換すると、悩みが自慢になっちゃうよ。やってみよう」

「〝人に見られる自分〟で長いこと生きてきちゃったから、無意識に自分を大事にしようとする反動で、自己否定しているだけ。その自己は〝本当の自己〟ではないから、自分が嫌いなのは当然だよ」

自分の機嫌をいいほうに向けてご喜元になりましょう

自分を責めたり、自己否定の強い人は、とにかく〝自分のいいところ〟だけを見ましょう。人は皆、〝自分〟として生きているようでいて、実は〝自分じゃない自分〟で生きているのです。それはまるでゾンビみたいに〝自分のようだけど自分とは違う〟もの。

子供の頃からお母さんに言われてきた〝いい子〟、学校の先生にとっての〝いい子〟、社会にとっての〝いい人〟、営業マンとしての〝優秀な人〟、会社の同僚から見た〝いい人〟……それはみんな〝本当の自分〟ではありません。対相手にとって作り上げてきたゾンビみたいな自分です。

誰かから非難されたとしても、その非難の対象は〝本当の自分〟に対してではないのです。見せかけの自分、ゾンビみたいに作り上げた自分に対しての非難。

実は自分でも嫌だと思っているところがあるものです。だから非難されても当たり前。だって自分でも嫌だと思ってるんだから。

ついつい人から非難されると骨の髄まで否定されたと思ってしまうけれど、そんなことはありません。だって〝本当の自分〟じゃないのだから。

悪いことを言われると、たいていの人はそのままその言葉を受け入れて落ち込んでしまうけれど、そこでこう思えばいいのです。

「悪いこと言われたのは本当の私じゃないところね。だったら言われたところを排除しましょう」

たとえば「あなたの優柔不断なところが嫌」と言われたとしたら、「自分は相手を優先し譲っていくことが美徳と教育されてきたけど、自分の思っていることをはっきり言えばいいんだ！　今度からそうしてみよう」と考え方を切り替えれば、悪く言われたことが〝善〟に変わります。

自分を否定されたのか、外から見える自分はこうだよと教えてくれたのか、どちらの考え方を取るかで大きく未来は変わります。

要は、捉え方次第。これまで繰り返し出てきた〝フィルター〟というのは、わかりやすく言うと「自分を機嫌のいい状態にする」ご喜元の癖づけということ。

フィルターを通して自分の機嫌を善き方向に向けようとしていけば、自然に気分も良くなって喜びを見つけられるようになります。機嫌がいいと、不思議と機嫌がいいことを導いてくれます。喜びが喜びを引き寄せる、これはまさに喜力。

機嫌が良くて自分が嬉しそうな顔をしたら、相手も自分を見て嬉しくなります。自分を起点として、まるで波のように喜びの輪（サンクスサーキット）が広がっていきます。

自分を責めたり、自己否定せず、自己嫌悪にならずに、もっと自分のいいところを見ていきましょう。

好きなもの、楽しいことに意識を向けるのです。

視点を変える、発想を変える――喜変換することで、自分の頭を喜力が発動しやすい〝喜力脳〟に変換しましょう。自分を機嫌善い状態にしましょう。

それが〝フィルター〟を通すということ。

それは生きるためのスキル。自分に対する視点を変えることで、生きるための生命力が湧き上がってきます。

喜力のフィルターを強くしていけば、自分の中にある喜力の源泉から喜びのパワーがどこどこ湧き上がってきて、生きるためのエネルギーに満ち溢れていきますよ。

喜力の強い人は、生きることを日々最善化する、生命力のある人なのです。

人のせいにしがちな人へ

「相手の言葉そのものの性質より、その言葉をこちらがどのように受け止めるか。自分のフィルター次第で、結果は違ってくるもの」

「苦しみは外部からもたらされるものと思い込んでいないかしら。本当にそれは、相手だけの問題？」

「〝人〟と〝事〟を分けてみて。その〝事〟には不愉快だけど、その〝人〟自身を否定しないようにしてみる。そして、その事へ適切に処理することに尽力する。難しいけれど、これも癖づけすると、とても自分を守ってくれる」

まず自分がどんな表情をして、どんな動きをしているのかを意識しましょう

かつて私にもこんな経験がありました。

若くて順風満帆で子供にも恵まれ、何不自由のない暮らしをしていた頃、自分が一番正しいと、自分の意に反したことに対して攻撃的で、歪んだ正義感を盾にし、とても嫌な人

間だったのです。当時私は地域のボランティア活動に携わっていたのですが、あるとき私よりだいぶ年上の先輩からこう言われました。

「あなた、どんな顔してるのか知ってるの？　鏡でも吊り下げて自分の顔を見てみなさい」

そのときは「なんてひどいこと言うの？」と怒り、「もう二度と顔も見たくない」とまで思いました。でも少し時間が経って冷静になってみると「普段自分がどういう顔しているのか見たことがない」ということに気づいたのです。トイレや洗面所で鏡は見るけれど、そういうときには〝それなりの顔〟をしているもの。活動中や育児中に自分がどんな顔をしているのかはそういえば知らなかったのです。

「普段の私って、どんな顔してるんだろう？」

そう思った私は家の中で本当に鏡をぶら下げて歩いてみました。そして家をバタバタと出るとき、顔を作らずそのまま玄関の鏡を見てみました。

「あれ？　私ってこんな顔してるの⁉」

活動の最中にも、そのときの表情をフリーズさせたまま、ポケットに忍ばせた手鏡で見てみました。

「え、こんな冷たい顔してるの」

ショックでした。自分を認知するというのは一時衝撃的なものだったりします。

鏡に映った私の顔はどれも眉間にシワを寄せて、すごく生意気な顔でした。

初めて見た自分の顔。それは自分が見ても、とっても嫌な顔でした。誰が見ても「こんな人に話しかけたくない」と思うような、人を近づけさせないような冷たい顔をしていました。


そのことに気づいた私は意識して柔らかい表情にするようにしました。すると「何か最近変わったね」「すごく話しやすくなった」といろいろな人から言われるようになったのです。

それも私に忠告してくれた先輩のお陰。あの言葉のお陰で私は変われたのです。

誰しも自分に不都合なことがあったり、言われたりすると、人のせいにしがちです。耳の痛い言葉を言われると、自分が傷かないようにどうしても人のせいにしてしまいます。

私もそうでした。でも気づかないうちに、私の言動が相手を不愉快にしていたのです。

自分を不機嫌にしないことと同じように、相手を不愉快にしないようにすることを意識すること。相手を不愉快にすることは、結果的に自分にも返ってきてしまうのです。

人のせいにしがちな人は、自分のことをもう一度見直してください。相手の言葉を受け止めることで、「自分はどうしてそう言われてしまうのか」その原因がわかります。

言われたことを「批判された」と悪い方向に捉えるのではなく、「え、何だろう？　何でそう言われるんだろう？」と受け入れて無理やりでも認めてみてください。「そう言うのならば私って本当はどうなんだろう？」と冷静な目で自分を見つめ直してみてください。「そんなはずはない」と相手の言葉を否定しがちですが、でも自分では自分が見えていないのです。私もそうでした。自分のことはわかっているようで実は見えていないのです。だから言ってもらえることはありがたい。それは誹謗中傷とはまったく違います。一緒にしてはいけません。

でもカチンときますよね。そういうときは「相手は私のために使われているのだ」と思ってみてください。

人のせいにしがちな人は、まず自分を意識しましょう。自分が変われば相手の見方も変わる。相手の見方が変わると自分の意識も変わる。意識が変われば、喜びのチカラも生まれてくるようになります。

ことごとく「喜力」という源泉にフォーカスしてみることで、これまでいろいろな手法ややり方を学びながらもなかなか上手くいかなかったことが、「喜力」という一点突破力にて、いろいろなことが上手くいくようになっていきます。

巻末

特別寄稿

広野穣先生のこと

我が師であり、本書のタイトル「喜力」という言葉の生みの親でもある広野穣先生とのエピソードの数々は本文中でも触れましたが、ここでは生前の広野先生を知る８名の関係者の方々にお願いして、特別に寄稿文を寄せて頂きました。寄稿者と広野先生との関係性については、寄稿文の前に添えたエピソードをご参照頂ければと思います。それぞれの方が語った“それぞれの広野穣”。本文中に何度も登場し、本書で初めて広野先生の名前をお聞きになった読者の方にも、生前の広野先生について知って頂ければ幸いです。

Talking about Hirono

1

Minoru Hirono
×
Yoshimasa Sakai

最後の弟子

「僕の最後のお弟子さんだね」

広野は彼のことをこう言いました。

官公庁のキャリアの堺井くんは、どこから見てもお役人さんには見えず、人当たりのいい穏やかな商人タイプ。

「こんなキャリアの人もいるんですね。どうだい、日本の技術は」

広野は突然聞いたこともない話題を、目を輝かせてどんどん話し始めました。

その嬉しそうな様子にちょっと驚いたことがあります。

ごそごそ書斎から山盛りの資料を出してきて、「これを君にあげよう」といって、持って帰れるのかと心配するほどの量でしたが、堺井くんも嬉しそうに手にしていました。

広野が逝去された直後、堺井くんは経産省製造産業局ものづくり政策企画官に就任し、「先生の仕業?」と弟子仲間たちで、とても驚いたことを鮮明に覚えています。

広野は入院する前、藤沢の自宅を「霊巌塾」と称して寺子屋のように後継者を指導しており、品川の会社での勉強会は藤沢のご自宅へと移り、多くのお弟子さん、生徒さん、クライアントさんが通っていました。

「霊巌塾」の〝霊巌〟とは、宮本武蔵が兵法書、五輪書を著すために籠もった洞窟、霊巌洞の名前からです。

広野先生の凄さ

経済産業省勤務
公益社団法人2025年日本国際博覧会協会
機運醸成局長（2023年3月現在）
堺井　啓公

言葉を最大に活用している人としては世界一の人

広野先生の家は研究所なのでしょうね。言葉技術研究所。

（家での様子）

富士通ワープロのｏａｓｉｓで書いておられ、おそらく先生用のテンプレートを富士通に用意してもらって使っていた。

（富士通オアシスのソフトウェアの制作担当者は広野先生からの発注が待ち遠しくも嫌だったのかもしれません。少なくとも会社は利益が出ない1人のための作業をさせられているのだから、割に合わないと思われたでしょう）

先生の持っておられたテンプレートでおそらくよく使われていたのが、曼荼羅図（8角形）が書けて、8×8を表現できるものがありました。

曼荼羅図はダイヤグラムともおっしゃっていましたが、1枚には8×8が書いてありますが、それが8枚に分化して8×8×8の世界が誕生するのです。サンプルをお見せします。

（例：難局を突破するダイヤグラム：次Ｐに資料あり）

言葉でこれを埋めるのですが、大変に頭を使う作業でして、これについてはさすがに解は一つではないわけですが、先生なりの言葉の整理学によりこれを作られていると思うと、とんでもない言葉の理解力・整理力・表現力が備わっていないとできないと思いますし、私が同じテーマで1から曼陀羅図を書こうとしても書ききれなく、頭が痛くなり思考停止になると思うところです。

また、先生は漢和辞典をよく使われていました。

使う言葉を考えるにあたり、出てきた重要なキーワード（例えば、漢字二文字の熟語）があれば、その漢字の由来を見、漢字の使われ方を、多くは二字の熟語として並べて分析される。

前に来るもの、後に来るものと全部並べて（言葉の歴史を）考察をされていました。

（先生からは漢和辞典は必須であると言われましたし、新漢和大字典（学研）を奨められました）


人は言葉を使い、考えていることや感情を整理して理解するし、人に伝えることをします。

言葉という言葉の全部を先生は頭に入れておられるわけで（一部、正確を期すために新漢和大字典を引いておられましたが）、その先生が生み出す言葉の整理の手法は大変なものでございました。

広野先生は、言葉をフルに使って、考え、表現して、そして他人に影響力を与える、教育もする、そのきっかけとしての教材も作られるわけです。

先生が向かおうとするところは、過去から現在までの叡智は広野先生によりすでに編纂し終えていて、そのまとめたものを皆が学べばよいと思われていたと思います。

そのうえで、付加価値をつける取り組みを時代時代にあったものとして、技術者など学ぼうとする者が考えていっていただけるようなフレームを用意いただいたのだと思いました。

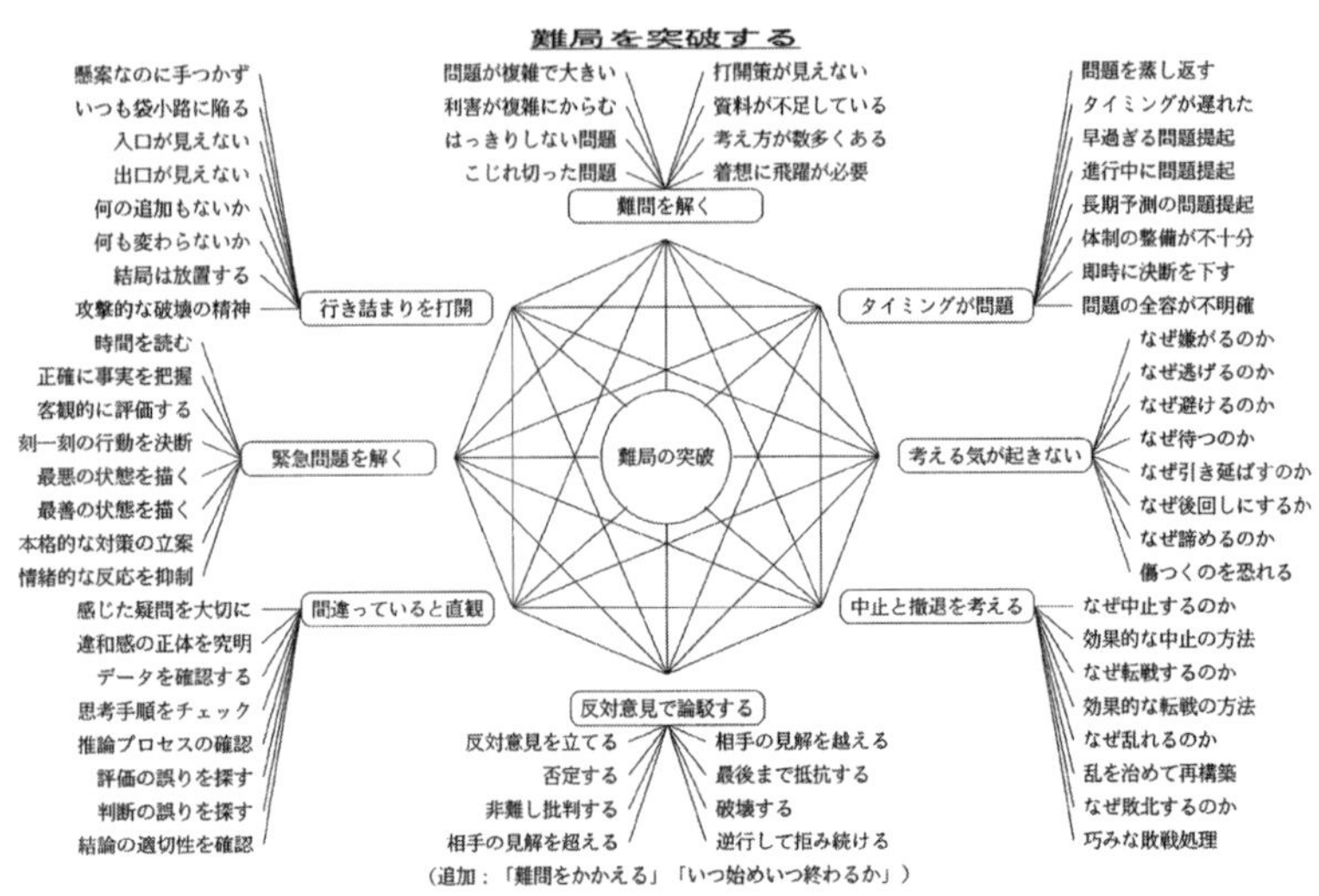

日本人の多くの方はひらがな、カタカナ、漢字、英語（英語を中心にラテン語に至る、さらに、そこから派生した諸言語に進めることもできる）ということで言葉に接しています。人はその言葉を極めてものを生み出していくことができると考えると、世界で一番言葉に接しているのは日本人といってよいのではないかと。

その日本人の中でも言葉に戻り、整理して言葉により思考を組み立てていくことを得意としてやっておられた広野先生は世界一であると言って間違いないのではないかと思っています。

クリエイティブ

広野先生自身は言葉を起点に自在にあるべき世界を創造することのできる人だったと思います。

先生が取り組まれる、言葉から世に必要なものを編み出し、それを作って成功まで持っていくという技は凄いところです。

広野先生は言葉によって人の考え方を購買に導いていくこともちろんされていました。多くの依頼をもらい、成果を上げておられました。

商品開発でコピーをとても重要視されておられました。代表作は「味の素クックドゥ」、マツダコスモスポーツ、アサヒスーパードライ、宝焼酎純、松下電器システムキッチン、日本航空ＪＡＬパック……

先生は多くの著作を残されています。特に商品開発関係は多いと思います。すべて先生の言葉の使い方が基軸となっているところです。

先生は皆が誰でもできると思われて著書を出されていると思いますが、多くの人は真似できないことが書かれていると思われます。

先生レベルの方はそうはおられませんですよ、先生！（笑）

そういう先生ですが、特に亡くなる前の何年かは、広野先生は脳が筋肉でできていて、それが休もうと言わなければ動き続ける状態だったとか。体が弱っていたときでそうだったので、周りの人はとても気を使っていたのです。

ですが、知的作業が終わったときの先生は口が滑らかに回る、とても気持ちよくておられたのだなと思います。

広野先生は本当に凄い人でした。

現代日本のレオナルドダビンチかアインシュタインかと言ってもよいと思っています。

広野先生の仕事への取組み姿勢

先生の仕事の仕方もいくつか拝見させていただく機会がありました。

ターゲットを決めれば先生はレジュメを作って話をされます。もちろん引き出しの多い先生ですから、何処かの引き出しには話のネタは必ず入っているのでしょうけど、その場に応じたアレンジをされるところは本当に凄いです。

ある選挙応援の話があり、候補者にレクチャーをするのですが、事前にポスターをもらい主張を確認し、そして、レクチャー資料を作られて臨まれました。

そこには、ネットの調査なども十分にできない時代に、いつのまにか市民の声を調査されていて、それを受けて、伝える方向性を示されるのです。

何が起こったかとびっくりしました。

内容的には先取り感満載でなかなかすぐには使いづらい感じでしたが、そばにいた私として先生の凄さを感じたところでした。

「交通費しか出せないのです」と申し上げていたのですが、ここまでのことを仕上げてご指導いただけるところは実にすごい方であると思ったところでした。

ポスターを作る際の要点、表現手法と視線の送り方を踏まえた言葉や絵の配置なども教えていただいたようでございます。

広野先生の残したもの

①言葉技術による商品開発・マーケティング
②技術者・研究者向け研修『技術創造アカデミー設立構想』（以下、これだけ言及します）
③言語心理カウンセリング

『技術創造アカデミー設立構想案』（２００９年3月1日）

趣旨：広野先生流の技術教育の手法の提案。

これにより15年で日本は勝てる国になることを期待。

日本流の技術教育を志向したもので、かつての士がエンジニアとなった。

デジタルでない、相手をけなさないで、相手の行為に足す。

包み込む。

日本はまねる文化で和が根本にある。

日英同盟の下で英国から技術者が日本に来た。

品質・改善が重要（デミング賞を評価）。

公益法人と株式会社の二重構造でアカデミーを構成する。

自然を重視。

技術創造アカデミー設立構想案　（基本コンセプト：技術立国論／分限立国論）

（1）技術の創造性を伸ばす教育手法への提案募集と表彰制度

（2）中学生・高校生の早期「就職—採用」活動の支援

（3）理系少年少女の知的好奇心と革新的な出会いの場の創出

（4）学生層（中学・高校・大学）が実践的な新商品アイデア提案に挑戦する「Eラーニング」システムの開発と導入

（5）地域・中小「環境系」企業の採用活動を支援する

（6）地域中小「伝統工芸」企業の存続と発展の支援

（7）万国博覧会への「日本の伝統工芸」パビリオンの出展

全体構想

日本＝技術立国論・自然をどのように考えるか

・分限立国論・技術立国論

〈NPO　法人技術創造アカデミー〉

（1）理科教育技法の創出支援センター・ヘンリー・ダイアー賞の設定

・山尾庸三賞の設定

・イギリスと教育技法の相互交換

・留学生交換

（2）理科少年少女育成／早教育支援システム・物づくり企業：インターン制度

・給与インセンティブプラン

・見る・作る：常設パビリオン

・中学・高校・大学：新商品提案

〈中間体：公的機関〉

（1）技術者の採用支援センター・環境系企業の採用支援・新採用者への合同研修支援

（2）伝統工芸企業の支援センター・後継者育成プログラム・技能承継プログラム・万博：伝統工芸パビリオ

ン

〈株式会社　技術創造アカデミー〉

（1）創造性開発技法支援センター・ワード創造の技術・言葉によるアイデア開発の技術・感性の発想法・連歌の発想・融合思考のモデル：置換法・超差別化の発想法・パラダイム・シフト：8×8＝64の問い・技術コア・コンピタンス分析の方法

（2）新商品開発支援センター・新商品コンセプト創出：COMソフト・技術者育成：Eラーニング展開・企業内の新商品開発アイデア収集・一般生活者からの新商品アイデア公募・次世代層のネットワーク参加・新商品アイデアの評価・表彰・新商品コンセプト・データベース構築・バージョン・アップのための創造的提案

（3）技術創造マネジメント支援センター・文系と理系：自己診断テスト・技術者研修プログラム・メンタル・キャリア開発研修・マネジメント支援プログラム

立ち上げ準備　1）設立準備事務局の創設

2）コンセプト最適の法人格の選定と機構の設立

3）設立に向けての活動

4）事業開始へのオペレーションとロードマップ

5）具体的な事業活動の構成と展開：収支シミュレーション

◆「自然」の研究　日本が持っている自然・分限

（分限）福沢諭吉、1880（明治13年）『学問のすゝめ』「学問をするには分限を知ること肝要なり。人の天然生まれ附は、繋がれず縛られず、一人前の男は男、一人前の女は女にして、自由自在なる者なれども、ただ自由自在とのみ唱えて分限を知らざれば我儘放蕩に陥ること多し。即ちその分限とは、天の道理に基づき人の情けに従い、他人の妨げをなさずして我一身の自由を達することなり」（13：初編）

◆自然を考えるキーワード

〈技術立国論〉

技術立国論の視点

分限立国の視点

分限立国論に準拠した経営を「高品位経営」と定義する。

その「高品位」のコンセプトを、「地球環境の再生」に求める。

さらに最も具体的な手法が「技術革新」と「技術人材の育成」であると考える。

ここでいう「分限立国論」とは、つまりは「技術人材育成」の戦略論である。

〈技術創造アカデミー：各論〉

1）技術の創造性を伸ばす教育手法への提案募集と表彰制度の制定と実施

ダイヤー　現場の先生、山尾　ビジネス提案

1）中学生・高校生の早期「就職—採用」活動を支援する

2）WEB：新商品開発支援システム「WEB・COM」法のモデル

ここまで。後は、以下の資料を残しておられる。

◇天才の発想法

◇和の発想

◇技術者の創造思考のキーワード

◇技術者・研究者のための創造性開発　言葉の力

◇技術・研究部門の「戦略」プロジェクト

◇技術者キャリア・カウンセリングの視点と方法

◇キャリア・ステージ別　技術者の創造的思考とメンタルケア　負の感情傾向からの解放

◇技術者・研究者の教育プログラム体系

◇技術者・研究者のための創造性開発プログラム体系

◇技術・研究開発マネージャーのマーケティング研修

Talking about Hirono

2

Minoru Hirono
×
Akiteru Shibayama

この人はビジネスマンでなく職人さん

「この人は、ビジネスマンではなく、職人さんなのです。だからビジネスマンというフィルターで見るのではなく、〝職人さん〟〝匠の人〟と見たら、とても共感するのではないですか？」

突然そんなことを言われ、私の心を見透かされたようで挙動不審になりました。

頑固で直角不動な真面目な防災関係の法人の会長さんで、月一回の勉強会に名古屋から通われていました。

融通の効かなさそうな、姿さえも真っすぐで、背中に鉄の棒が入っているのではないかと思うほど背筋が伸び、微動だにも揺れない人。

広野は遠路から通う彼と会うと、いつもとてもご機嫌になっていました。

私はというと、柴山さんの遠慮のない広野へのズバッとした意見や質問に、おどおどしていました。

そんな私を察してか、広野が教えてくれたのです。

「僕はね、この職人気質の不器用っぽさと、自分に正直な頑固さが好きなんですよ」

広野の言葉のお陰で、彼への見方、考え方がガラリと変わりました。

言葉というのは、凄いパワーを持っているのです。

言語化することの素晴らしさと、問題解決の最短でお金のかからない無尽蔵なエネルギーであると改めて感じました。

広野先生を今に思う

一般社団法人日本防犯住宅協会　会長
株式会社防犯住宅　代表取締役社長
柴山　明輝

技術・研究開発部門の創造的マネジメント

広野先生にお会いした回数は振り返ると8回。

その少ない回数、時間で、広野先生ほど私の人生に大きく影響があった方は他にありません。

広野先生に初めてお会いするのは、2008年3月7日。東京の経営者仲間からお誘いを受け参加した「知的BUTMAN／LADAYの会」という研究会でした。

先生の第一印象は、白系のスーツに背筋はピシッと伸びていて、何と言っても声が渋い「ダンディ」な方でした。

その時大手酒造、家電メーカーの誰でも知っている有名な商品開発のコンサルテイングされた事を例に出され、その切り口と説明があまりにも鮮やかで、こんな方が世の中に居たのかと驚きました。

その日広野先生が話された言葉が、今振り返ったとき、その後の生き方に大きく影響を受けている事に気づきました。

目指すのはレッスンプロではなく、トーナメントプロやツアープロである

当時私が経営していたアルミサッシ販売会社が、防犯対策をしていたにも関わらず3度侵入被害に遭い、窓やドアを破壊されました。

その時、世の中に知られている防犯対策や警備会社が実際には役に立たない事を実感し、どこよりも安全な建物と住まい方の提案を、世の中に普及することをミッションとしようと考え、日々研究と新たな対策を考え実施していました。

ただそれまでの自分を振り返ると、日々のビジネスと理想との間で、意識行動がぶれている時もありました。

広野先生の言葉に出会って以降、現地現場で防犯対策を実践する住宅防犯のプロとして、日本一であり続ける決意が固まり、現在に至ります。

専門の人は判断に迷う！　・・・断る理由にはなるか！　・・・自分の哲学を持っている

広野先生に惹かれるものがあり、その後も研究会の度に名古屋から参加しました。

１回目の会の中で、防犯をテーマに分科会をすることになり、防犯分科会メンバーで打ち合わせし、２回目「第二回の知的ＢＵＴＭＡＮ／ＬＡＤＡＹの会」２００８年４月４日に先生にお会いできました。

防犯分科会の報告している中で、「どんな商品になるのか？お客様は誰なのか？」を聞かれ、「お客様が住まいに関係する警備会社、不動産会社、ハウスメーカーなど。」と答えたところ、先生は「私なら保険会社に売る。泥棒に入られるのが当たり前というマーケットで売るべき。住宅の場合、リスクがあってはならない。それを補うのが保険会社である。」

それまでの私は、消費者視点で防犯もセットであった方が有難いと思っていて、商品を販売する側の企の立場を、充分に考えていませんでした。

それ以降、何社か保険会社や、保険代理店にアプローチして、防犯の取り組みを進めてみました。継続的な仕組みまでは行きませんでしたが、何件かの取り組み事例に繋がりました。

この取り組みから、国土交通省が推進していた中古住宅の建物診断に、防犯診断をオプション追加する事が出来ました。（東海地区）

広野先生にお会いする３回目「第三回の知的ＢＵＴＭＡＮ／ＬＡＤＡＹの会」２００８年５月２日。

防犯分科会の進捗を報告。

「ＷＨＹ」と「ＷＨＡＴ」なぜ防犯をしたいのか？　そして何を守りたいのか？　について全体図にしたものを説明していました。

その後先生やメンバーの質問に答えたのち、広野先生が「一度ハードウェアに注目するべき。何に対してのハードなのか、そこまで落とし込まないとビジネスとしてのモデルが成り立たない。ピンポイントに一つ絞った方良い。」とアドバイス下さいました。

その時の私は、すべての防犯対策について知り、誰に対しても防犯提案できることを日指していました。

それでは、相手から見て何ができて、何ができないのかが分らないし、どこで継続的に収益を生むか、自分自身が想定できていませんでした。

これ以降、徐々にではありますが、思考は広げるが、どこでハードに繋げ、収益を生むか？　を考えるようになりました。

現在、世の中に或る防犯に関するハードを駆使し、時には必要なものはオリジナルで製作し、トータルで防犯性の高く、使い勝手の良い住まい、建物を作っています。それに加え、被害に遭わない安全な暮らし方も継続的にアドバイスして、被害発生を防いでいます。

先生にお会いする4回目「第四回の知的ＢＵＴＭＡＮ／ＬＡＤＡＹの会」２００８年6月19日。

参加していた女性が広野先生の講演を初めて見られた感想を話された。

声色の変化があり、普段先生が話されているトーンとは違っていて、必要な部分の声を抑えたり、間だったり、それが響いてくる。

講演で拍手がわく、自然発生的に拍手が起こるなど。

当時私は解りませんでしたが、私自身が講演を頻繁に依頼されるようになり、どのように相手の心に届き、行動してくれるようになるかを考えるようになった時、話す内容はもちろんですが、声のトーンや間が、どれだけ重要か認識するようになりました。

自分も声楽レッスンを受け、音の出し方、届き方の訓練。マラソンをするようになって、肺活量向上など。

今は公演時の声量に関しては、問題無くなり、大講堂でも声が届かないという事もなくなりました。

声のトーンでも、相手が聞きやすい。或いは、拒否する音も一人一人違い、相手に伝えたい内容によって使い分け、駆使する必要もあると分かり、実践できるようになりました。

相手の発する音のトーンや、出ている位置を聞き分け、伝えたい内容により、相手のトーンに近い上や下と使います。

攻撃する場合は強く鋭い音、或いは重くて鈍い音を臨機応変に使います。

改めて、記憶に残る広野先生の言葉、トーンを思い出すと、凄く駆使されていた事がわかりました。

伝える相手に、どの言葉をどのタイミングで、どの音で伝えたら相手に影響、理解が深まるかを常に考え、実践されていました。

強い音と弱い音、優しい音と厳しい音、軽い音と深い音。

広野先生の場合は、言葉の成り立ち、背景、使うべきタイミングも含めたバックグラウンドが広い。相手に影響を与える、場合によっては相手を死に至らしめる「言葉」の選択。

それと同時に「声」のトーンの使い分けをされていました。

広野先生とお会いした5回目「第五回で最後の知的BUTMAN／LADAYの会」２００８年7月17日。

そこで先生から衝撃的なお話がありました。

「私はここ4カ月で激やせした。多分がん。最後の脱皮ファイナルブレイクをするべくその生き様、行動原理を作り上げた。今、命を使っている。軽い話には応じたくない。」と話され「知的BUTMAN／LADAYの会」への関りを終わられることになりました。

広野先生ご自身の身体が凄い状況にも関わらず、淡々としかし力強く話されたのは私の記憶に鮮明に残っています。

その日の夕方、先生を囲んでの少人数の懇親会場で、スーツネクタイ姿の先生に「暑くないのですか？」とお聞きしたら、笑顔で「いや、暑いよ。スーツを脱ぐと、激やせ姿を見せることになるからね。」と、がんの痛みもあったはずですが、ジュースを飲みながら笑顔でお返事されたのも強烈に印象に残っています。

私は生き様含め、広野先生以上の紳士、ダンディという表現がぴったりの方にはお会いしたことはありません。

防犯分科会の報告では、5W1Hのアプローチで、何故防犯が必要か？　何を守るか？　誰を守るか？　どこを？　いつの？　どのように？　…ついて詳細にパターン分けした項目を説明しました。

それと防犯の「防」と「犯」の成り立ち、関連する熟語、英語にした場合の言葉を調べ報告。

調べる中で気づいたことは「防」の言葉は何かから枠を作って守るという全体イメージを感じられ、「犯」法の枠を破るイメージができました。

英語での「PREVENTION」には、防ぐ妨げる予防の意味が多く、防犯の全体のイメージが法を犯す人から攻撃を予防する守るイメージが出来ました。

「防犯」とセットで言われることもある「防災」。

人以外の要因で起こることに対する備えと区別がつくよう理解ができ、説明も判りやすくなりました。

この文字からの成り立ちを調べるアプローチは先人の知恵、時代、を広く知ることができ、全体像把握、定義の設定がしやすく成りました。さらに色々な人に説明する際、相手の理解している言葉の選択、それによる説明理解度が向上しました。

広野先生からは、この項目を64通りの項目にして、それの男女別、10歳ごとの年齢別メッセージを作ると良いとアドバイスを頂きました。

後日、分科会メンバーだけで「2の3乗」×「2の3乗」の64パターンを作り、それに一文字の漢字に当てはめて一覧表を作成。

その作業の中で、広野先生のアプローチを真似て、防犯の「防」や「犯」の成り立ち意味、関連する熟語、英語に置換えた場合を調べていくに防犯の周りにあるイメージや、世間の認識を知ることになり、一度広い範囲を知った上で、自分の防犯に取り組む意味、自分が出来る事、やるべき事を絞れてきました。「視野は広く、高く、深く」「自分が集中する一点突破と、その後の戦略立案」を教えて頂いた気がします。

防犯に限らず、その後の色々な選択の中で、ビジネスに成るか？　という観点ではなく、誰が困っているか？　或いは将来困るのか？

私のこれまでの体験の中で、それを取り組む為の機会、経験があったか？

誰か私以上にそれを解決できる人物はいないのか？

人生ミッション「ご縁の方に良い生き方を広める」に合致するか？　を考えるようになり、選択がブレなくなりました。

私が広野先生に、「人が防犯を考える時というのは、家を買う時、引っ越しする時、被害に遭った時の3つあると考えています。」と話すと、先生は即答で「そこがプロの欠点。4つ目がある。ライフスタイルの変化である。奥さんが働きに出る、とか。そういった時に防犯を意識する。」と最初の言葉は鋭く強めの口調で、その後は穏やかに含めるように話された。微笑みの表情で。

剣道に例えれば、最初の一言で強い小手の一撃。その後の言葉は、痛みを感じさせず胴からお腹に針を差し込むように。

それまでの自分は、つい自分視点から防犯を見ていましたが、相手視点、泥棒視点でも見るようになりました。

哲学という観点では、何のために防犯に取組むのか？の上位目的を、良い世の中、人づくりになりました。

20年続けている学校トイレや街の掃除との整合性が取れてきました。

良い環境と良い人が広がれば、犯罪が無くなり、防犯の必要性が無くなります。

自分の目指すものは、当面防犯対策を極めて行きますが、一方で犯罪が無くするために、一番遠いところにも努力を続け、次世代につなげていきたい。

全ての人間は、多かれ少なかれ善の部分と、悪の部分を両方持っています。悪を知りつつ、善の心を強くし、行動し続けることが大事だと思っています。

哲学によって断る理由になるという点でも、テレビ局から出演依頼が来ますが、中には専門家としてのテレビ局側が希望するコメントが欲しいだけの例も多く、出演の仕方が自分の哲学に合うか、普段私が発信している内容と違って「うそ」を言う事にならないかを、電話やメールのやり取りで判断できるようになりました。

職人万歳！　日本の宝で地位の向上を

ある時、広野先生が声を掛けられ集まったメンバーの中で、私だけ他のメンバーと雰囲気が違うので、越護さんが先生にその理由を聞かれたそうです。

「僕はね、彼のことが好きなんだよ。防犯に対してのマニアなところ。彼はスーツ着てるけど、職人なんだよ。職人張りの一点突破。防犯の匠になっていくと、僕は思うよ。」と答えられたそうです。

この事は、最近越護さんに教えてもらったのですが、私は、先生から職人と言われているとは全く想像もしていませんでした。

私のイメージしていた職人とは、宮大工の様に日々の鍛錬により手に技術を持つ人の事だと思っていました。

広野先生に職人と言われていた事は、今更ながら嬉しいです。

テレビ出演時には「防犯の匠」と紹介されることはありますが、広野先生に認められる「匠」を目指します。

結婚式での家族の現地集合現地解散

何の時か忘れましたが、雑談の中での話でした。

お子さんの海外での披露宴の時、家族は現地集合現地解散だったというお話がありました。

それをお聞きして、凄くかっこいい！　と思いました。

先生のお子さんはそれぞれ自立していた世代だと思うのですが、家族の誰に依存する事無く集まり、披露宴が終われば、それぞれの持ち場に戻る。

親は子供を信頼し、甘やかさず、構わず、子供はそれに応え、依存せず、何かにつけ自立した人間として活動する。

多分、人として厳しくは育てられ、常に一人の自立した人間として育てられたのだと思います。

当時我が家の３人の子供は学生でしたが、広野家目指して、高校卒業後は家庭から出て自立できる子供として育てました。

現在では、それぞれ親元を離れ、国内各地に独立して住む子供達も、海外旅行に行くときでも、現地集合現地解散が当たり前の家族に成れました。

広野先生の人に対する接し方は、家族と家族以外も同じようにされていたのでは？　と感じます。一人の人間として敬意を払い、年齢性別社会的地位という物差しでの区別は感じませんでした。

私などは、広野先生に対して生意気な態度であったと思いますが、それについて先生の態度が変わる事もありませんでした。

問いは哲学、答えは科学

広野先生がどうしてあんなに鮮やかに問題の本質にアプローチが出来、解決に導けるのか？　納得性を与えられるのか？　を不思議に感じていました。

10年の年月を経て、先生の資料、言動を振り返り、解かってきたことがあります。

「世界を作り上げている究極の物質は何か？」
「世界はどの様な原理で動いているのか？」

という先生の言葉から、誰よりも広い範囲、視点から俯瞰して物事を見、プロジェクトを良い方向に向ける。

そのアプローチは、３つあるように思います。

1、人類の過去からの知見を最大限利用する

自分自身が過去の自分を超える、そのために人類誕生から今日までの知見と照らし合わせみて、新しい枠、中心点を置いてみる。

人類の歴史２０００万年（原人）、文字の歴史６０００年、現代科学の歴史３００年。

10年前は、企画の手法としてしか捉えていませんでしたが、今日までの人類の知恵を活用するべく、先生は日々意識されていた事に気付きました。

2、自然界の仕組み、ルールに照らし合わせてみる

地球の歴史46億年で、生物の歴史38億年陸上生物５億年、昆虫4億年。現在まで続いている歴史の中に、環境変化、人類存続ルールが存在する。人類が気付いていないルールが無数にあるはず。

広野先生は常にそれを探し、取り入れようとされていた事に気付きます。それを、相手が納得をしやすいよう科学的に説明されていたと解かりました。

3、新たなものが生れるネットワークと環境づくり、人づくり。

いかに企画、プロジェクトが良い方向に進み、結果を出せるようにするか。

広野先生が超大手企業に長い間企画コンサルティングを依頼されていたか。

逆に、長い間必要とされていたかからも分かります。

プロジェクトメンバーの知識、経験、思考、哲学、意欲、潜在能力を見極め、人類の知見、自然界のルールの中での化学変化の可能性を鑑み、推移を見守られていたのだと思います。

時として、大ナタを振るい、或いは暖かく。

私が先生と接した回数は少ないですが、少ない中でもそれを感じます。

科学は神学

「科学は神学だよ」と広野先生が仰られたと、今年越護さんに伺いました。

広野先生は、科学の人と思っていたので、一気に先生の思考の大きさを窺い知ることになりました。そして、最近感じていた自分の思考の方向性と、一致するものでした。

普段の会話の中、書籍、資料の中でも「神」の言葉はほとんど使われていません。広野先生が言われた神は、特定の宗教の神ではなく、人間を超えるもの創造主（宇宙、地球、人間を造った）だと思います。

例えば、教祖と言われるイエスキリスト、仏陀ではなく、お天道様の方が近いかもしれません。

広野先生の言葉の中に、

「世界を作り上げている究極の物質は何か?」

「世界はどの様な原理で動いているのか?」

とあります。

人間の歴史のすべての知見を集めても、地球上でさえ知らない、判らないものの方が沢山ある。それを一つずつ解明し、人間の知恵を高め、神が作った自然界の中、よい流れを作る役割がある。

その自然界のルール（原理）の中に、発見すべきものがあると。

人間は、万物の霊長。神（創造主）の思いを唯一受け取れる生物。

目に見えるものを科学の範囲で証明しようとすると、人間のこれまでの知見以上のものは出にくい。

（下から天を見る）自然界のルール（神のルール）から見てみると、これまでの人間の知見の範囲外の事に気づく可能性が高くなる。（上から下を見てみる）万物の霊長として、検討内容が自然界、人間界をよくするか？

そのような考えの視点を作ることによって、たとえ自分が自信を持っている専門分野でも未知の部分の方が多く、多種多様の人間の考え方も受け取れ、それを新たな引出しにすることが可能です。

道を究めようとしている人は他人、自然界からの吸収力もあり、謙虚であり、どん欲なのもその視点があるからだと思います。私もそうありたいと意識を高めています。

広野先生は、科学的に説明できない分野、或いは相手が分からないだろうとお考えになった分野は、言葉を使ったり詳しくは説明されませんでした。

しかし、先生の思考は、「神」はじめ、目に見えない世界の世界観があったと思います。だから、科学的に説明できる部分が鮮やかに解析できているのだと感じます。

先生が無垢の赤ん坊から64の原理を気付かれたお話が記憶にあり、私も歩き始めた子供から人間の動物としての自然な歩き方に気付くことが出来ました。これを身に着けることにより、フルマラソンを2週間連続で完走したり、100キロマラソンも筋肉痛無しで完走出来るノウハウが出来、レッスンで指導もしています。

人の個性、思考パターン

広野先生がご自身の影響を受けた体験の中で、戦争体験やGTRで200キロでの横転、信じていた人の裏切りとかあったことを話されたことがありました。

具体的なことは言われませんでしたが、その影響を感じさせない先生の人間的な大きさを感じます。

人は生まれた時からの環境とその変化、その後の体験、人との出会いによってその人の個性、思考パターンが形成されると学びました。

私も人と出会った時、出来る限り自分の過去の失敗例や、生き様を開示し、相手の方の体験、人となりも聞くようにしています。

自分が体験していない事を学ぶと共に、その人なりの考え方をジャッジせず、敬意をもって接したいと考えるようになりました。

その人のこれまでの体験の中に、その人のやりたいこと、やるべき使命、未来に向かっての伸びしろがあると感じています。

憧れの広野先生の人生最後の生き様

私が参加できた広野先生との最後の研究会「言葉で生きるか言葉を生きるか」は、２００８年12月22日先生の事務所で行われました。

その日、先生の発した言葉に、

「一流とは、一流の技術を自分の為に。上等とは、一流の技術を他人の為に。」

がありました。

先生の言葉に出会うまでは、品質が上回っているのが上等で、一流は際立ったものという認識でした。

自分の為か、他人の為かの物差しはありませんでしたし、色々技術を高め、自分を高めることが、他人の役に立ちたい気持ちと、専門に強くなりたい、有名になりたいという気持ちが混在していました。

自分を振り返るとき、自分の為にしようとしているのか？最終的に人のお役に立ちたいと心底思っているのかを自問自答するようになりました。

そして、お役に立つのは、縁のない人では無く、縁のあった人に役立とうとしているのかを強く意識するように変わりました。テレビ等のマスコミに出演する場合も縁ある人が喜んでくれるか？　それとも自分の有名になりたい自我か？　を間違わないようにしています。

その時の広野先生の言葉で「人生とは無限の可能性の中から１つの有限を選び実現していく過程」とありました。

どの人にもそれぞれ使命があり、その人生の中でどう選び、注力して、どう実現するかという事だと思います。人それぞれ経験、環境も違い、その違いを最終的には前向きに受け止め、課題を乗り越えていくか。

広野先生が、身をもって我々に伝えようとされた人生最後の生き様は、人間は死ぬ瞬間まで脱皮できる。そして、死ぬことは思考の呪縛、身体の呪縛からも解放される機会だから前向きなこと。

人生の最終だと思えば、人生仕上げの機会として、覚悟が決まり、自他ともに集中できる。を実践し、身をもって示して頂けました。

私の父親は、三重県の貧乏な漁師の家に長男として生まれ、小学校しか卒業していませんが苦労して勉学に励み、漁師を継ぎました。

しかし、若くして結核になったり、南海地震の津波で九死に一生を得ますが、家は流され、無一文に。名古屋に勤めに出てやがて起業をし、会社設立をしました。

尊敬できる父親でしたが、一面晩年の10年は前向きな生き方ではありませんでした。

そんな父を見て、能力の差は別にし、人生の最後まで、子供や周りの人達に、前向きな生き様を見せられる人間でありたいと思っていました。

そんな私にとって、広野先生の生き様は憧れの姿です。

広野先生が述べられた言葉の中に、

「人生の最終段階を優雅、洗練、上品で締めくくる。物事は真・善・美で形成される。」

がありました。

当然、先生はそれまでも優雅、洗練、上品を目指し、実践されているからダンディである訳で「真・善・美」という言葉に集約する鮮やかさが広野先生です。

今までの私では、「真・善・美」は語れませんが、残りの生き様で少しでも近づきたいと思っています。

そして、この機会を与えて頂き、広野先生の教えを振り帰り、改めて先生の教えの高さ広さ深さに気付く機会となりました。

これが広野先生からの「霊界通信」だと。

これからも職人らしく、最後の瞬間まで精進、進化向上を目指します。

Talking about Hirono

3

Minoru Hirono
×
Mitsuo Yashiro

サムライな人

ある日、長い勉強会も終わろうとしていたときのこと。

勉強会に参加していた大手飲料会社の役員の社さんに、広野が言いました。

「あ、ごめんごめんどうぞ。灰皿は目の前にありますので、嗜まれてください」

当時はまだ喫煙者天国時代の頃、そんなに変わった風景ではないけれど、皆さんがお帰りになったあと、広野は私にぼそっと語りかけたのです。

「彼はね、サムライなんだよ。私が〝どうぞ〟と言うまで、決して口にしない。私にいつも礼と義を持って接する、今どき稀になってしまった人なのです」

広野はことに触れ、社さんの軍師としての強い志と行動力統制力を、目を細めて褒めていました。

「私は社くんの弟子です」

「自分に近いリズム感があるのです」

そう言って私に嬉しそうに話してくれました。

そんなお二人の師弟関係の美しさをたくさん見せて頂いたことが、私の宝になっています。

何よりも「ならぬものはならない」で、お二人が共振され合っていた生き方に、私も真似ようと思ったものです。

恩師　広野穣先生

株式会社 伊藤園　取締役
専務執行役員（2019年7月寄稿時）
社　三雄

二〇〇九年八月の末、残暑の厳しいよく晴れた日の昼でした。

広野先生から連絡を戴き、会おうということで、藤沢駅で待ち合わせてお会いしました。

先生はベージュ色のスーツにネクタイをきちんと締められ、いつものびしっとしたお姿で颯爽とされていました。ご闘病中であることを微塵も感じさせません。

昼時ですから、食事でもしながらということで、百貨店最上階のレストランでご一緒しました。

先生はうどんがお好きで注文されたのですが、うどん一筋しかお口にされない。その一筋もやっとの思いで口にされているお姿を拝見して、お元気そうに振舞ってはいらっしゃるが、実は重篤で深刻な状態であることが察せられました。

食をほとんど受け付けないご体調にも関わらず無理や苦痛を押して、わざわざ藤沢駅までお越し戴いたことに、心より「申し訳ない」、しかし「あり難い」と思いつつ、何となくただならぬものを感じておりました。

その時に、次のような事柄をお話くださいました。

「これからの時代に対処するキーワードは、〝ＷＩＴＨ　ＹＯＵ〟ではないかと思う」と、いつものゆったりと、しかも毅然としたお話振りで教えて戴きました。

〝ＷＩＴＨ　ＹＯＵ〟。

正直なところ、このお話を伺った時に、なんとなく分かるような気もしたのですが、時代の大きなうねりがそうなるのか、お客様と向き合う手法を変えるべきなのか、よく分かりませんでした。しかし、〝ＷＩＴＨ　ＹＯＵ〟のキーワードはそれ以降一時も忘れることなく、どのようなことなのか、具体的なアクション・プランは如何にあるべきか、常に反芻を致しておりました.

結局、その日はそれだけで失礼をしたのですが、今から考えますとこれが私に対するご遺言を授けて下さったのだと思います。

この時点で先生は末期癌ステージ４Ｂ、即ち病院治療の限界を超えられ、自宅で安らかな日々を送られる道を選択されていたと思います。そんなですから、お歩きになることも、お口から食事をされることも困難を極められていた。それにも関わらずです。授けて戴いたお言葉は忘れよう筈がありません。

藤沢駅でお別れする際も、私を先に帰すことに決して譲らない。温和な目線でいつまでも佇んでお見送り戴きました。

最後の最後まで師であり、手を抜くことを決して潔しとされず、本物のコンサルタントの生き方を貫き通しておられると、これが広野先生と生前お会いした最後となりました。

ご生前、先生からはあまりにも多くの事柄を学ばせて戴きました。

マーケター・戦略家としての生き様は勿論、マトリックス戦略論、調査における仮説の重要性、根源コンセプトとことばの重要性、LRP（ロング・レンジ・プランニング、明日の戦い上手へ）、トップ・ブランドを倒す戦略、感謝の連鎖（サンクス・サーキッド）、予見と与件、など数えきれないくらいの珠玉のお教えを戴きました。

私は不肖の弟子であり、ご迷惑とご心配ばかりお掛けし、末席を汚す者でしたので、その全てを理解したなどとは到底言える状態ではないのですが、余りにも献身的にお教えを戴いたお陰で、伊藤園のマーケティング関連の若手メンバーが骨太に成長し、今や中核を占めるようになりました。

学びの過程で次のようなことを仰っていました。

「自分の仕事は皆の心に〝菌〟を移植することだと。その〝菌〟はやがて皆の中で成長し、皆を支える思想に変る」と。

献身的であり真摯である先生のご信条は、当時の若手メンバーに引き継がれ、そしてまた、今の若手を育成すると言う、世代を超えた考え方の継承が行われています。

先生が亡くなられた後、もはや先生はいらっしゃらないと思うと、献身的な〝菌〟のお陰で、学びの重要性を特に切実に感じるようになりました。

さらに、誰かがではなく、自分が率先してという、自灯明の精神のような使命感の気持にさせられたことも、お教えの一端と申すべきかと思います。

そのような訳で、未だに先生のレベルには遥か遠く及ばないものの、世の中の優れた思想は、メンバー有志と学び、語り、考える機会を作ることが日常となりました。

マーケティング関連は勿論ですが、マネジメントやイノベーション論、ブランド論や競争戦略、さらには孫子（闘争原理）に至るまで、皆と学習し見識を広げることに注力してきました。

ある日、「コトラーのマーケティング4．0」（フィリップ・コトラー　朝日新聞出版）を読んでいた時のことです。次のような一文に遭遇しました。

伝統的マーケティングからデジタル・マーケティングへの移行

◎4Pを売り込むことから、4Cを利益につなげることへ・・・・・・・・・

デジタル経済では、共創が新しい製品開発戦略になる。コンセプト考案段階の初期から顧客を巻き込んだ共創は、製品開発の成功率を高めてくれる。共創によって、顧客が製品・サービスをカスタマイズしたり、パーソナライズしたりできるようになり、ひいては、より優れた価値提案を生み出すことができるからだ。・・・・（82ページ）

◎顧客サービス・プロセスから、協働による顧客ケアへ

購入前の顧客はターゲットとみなされる。購入を決めたら、伝統的な顧客サービスの見方では王様とみなされる。顧客ケアというアプローチに移行すると、企業は顧客を対等な相手と見なす。顧客に奉仕するのではなく、顧客の話に耳を傾け、対応し、企業と顧客の両者によって決定された条件を守り続けることで、顧客に対する誠実さを示す。（84ページ）

これはまさしく先生のご遺言、〝WITH　YOU〟ではないですか。

この本が出版されたのは二〇一七年ですから、実に八年も前に先生はこれからのマーケティング、時代の変化を捉えていらっしゃったと言うことになります。

先生はデジタル社会到来による劇的な変化と、その時の企業のあり様を予言しておられました。新たな戦略仮説を、誰もが全く予想だにしない時にです。しかも、「共創」や「協働」などよく分からないことばではなく、ことばのプロフェッショナルに相応しく簡単明瞭に、端的に示された。そのことを私に託して戴いたのだと思います。

まさしく先生のお言葉でユーレカ、これこそが私たちの指針となるんだと理解した瞬間でした。

先生が時代の先を予言されたことはこれに止まりません。

デジタル化社会の進展に伴う縦から横の社会の出現や、サイコ・ストラテジーの手法、ポートフォリオの手法など、追随と押せ押せ、行け行けの時代に、お客様の心象風景や根源価値から新しい価値観を導き出す、真の独自性・真の競争戦略など、まさしくパラドックスの転換なるものを見据えておられました。

今は、「マーケティング4．0」や「ブランド論」、「競争戦略」など普及していますが、表現はやや異なっていても本質の主張は遥かに先行されていた。しかも、血の通った実学としてです。

そのご慧眼には、今更ながらｗｏｗ、神の領域と申しますか、今振り返って見ても新鮮であり、驚きを隠せぬことばかりです。

先生と伊藤園の出会いは二〇〇〇年のことです。伊藤園の主力事業である緑茶飲料の市場が成長・拡大し、それに伴って市場競争が激しくなった頃でした。

伊藤園は緑茶戦争などと呼んでいますが、市場シェア争奪競争は世の常とは言え、その競争の凄まじさは従来の取り組み方を一変させせないととても太刀打ちできないことを痛感させせられておりました。

そのような最中に尋ねて来て戴いたのがライジング社広野先生だったのです。

伊藤園は茶業、特に緑茶、烏龍茶、紅茶などリーフ製品から事業を興してきた存在ですから、飲料、特に上位メーカーと直接のシェア争奪戦は緑茶戦争が実質初陣だったわけです。ライバル企業にとって、緑茶飲料市場への参入は、成長分野の一カテゴリーに対する進出に過ぎないとしても、当社にしてみれば総力戦で戦うしかない。それまで町のお茶屋さん相手だったのが、いきなり日本を代表するような大企業と、しかも一度に複数企業を相手に戦うことを強いられた訳です。

伊藤園は日本茶の業界にルートセールス方式を導入し、業績を拡大してきました。

ルートセールスとは、問屋を介することなく、小売店と直接取引を行う方式を言います。この方式を長年培ってきたのですが、日本茶リーフを販売するルートセールスと、飲料を販売するルートセールスでは、原理は同じでも、似て非なるものであることを思い知らされました。

ルートセールスこそが自分達の強味だと信じていたものが、実はそれ程でもなかった。例えば、誰よりもいち早く烏龍茶飲料、紅茶飲料の商品化を成し遂げたものの、シェアのほぼ全てを瞬時に奪われてしまう現実を目の当たりにして、改革が急務であることを強烈に認識しました。

緑茶飲料に関しては、茶系として烏龍茶飲料、紅茶飲料に次ぐ三番目の登場で、売れ始めるまでに随分時間を要したのですが、それが二〇〇〇年になってようやく一大成長を始めます。当然、ライバル企業がこれを見逃す訳がありませんし、当社も今回ばかりは簡単に手放す訳にも参りません。

これが、飲料業界で言う緑茶戦争なるものでした。二〇〇〇年、二〇〇四年、二〇一一年から今に至るまで激しさを増しているように思えます。

伊藤園のルートセールスは、当時どちらかと言うとマンパワー型の営業スタイルで、ブランドと言うよりも顧客と個人の信頼関係を重視することを基盤としておりました。ですから、顧客数を増やす、導入品目数を増やす、信頼関係を築くやり方で、今で言うベストプラクティス型（業務効率追求型）であったと思います。

ベストプラクティスは永遠不変の真理であることは信じて疑いませんが、しかし、企業の総力戦では、ブランドの優位性や明確な戦略、さらに社内外への浸透と言う、両方・両輪が揃わなければ、戦いきれないことは言うまでもありません。

広野先生には二〇〇〇年の段階から、緑茶戦争の戦い方と、その実践を通して助言と、マーケティング関連の若手の育成にご協力を戴きました。

それは、マトリックス戦略論の学習と実践からスタートしました。ダイナミックに市場の変化を予測し、どの変化に対応するのか、さらに、市場構造と競争構造に掘り下げて、従来の手法とのギャップを認識して、どのようなお客様に何を、そしてどのような競争的地位を築くかなど、新たな戦略原理を導こうというものです。

これを推進するためには、マーケターとしての仮説が重要であり、仮説を市場調査を通して精査し戦略に組み立てる。ただし、単に仮説、調査、精査というのではなく、市場はどうなるのか、自分達はどうなりたいのか、どうあるべきなのか、目的は何かなど、強烈な意志・疑問を持たなければ戦略の立案などできるものではない、マーケターの真の能力が滲み出ると仰っていたことを思い出します。

従って、市場調査＝検証においては、仮説なくして意味のある調査はできないし、調査票は戦略が読み取れるので極秘に属するものだ、と強烈に言われたことが焼き付いています。

これら一連のプロセスにお手本をお示し戴き、率先して先頭に立ち、先生自らインタビュアーとして、的確にお客様の認識を拾って戴いた勇姿が思い起こされます。

調査の結果は惨憺たるもので、私達の認識と、お客様の認識に激しいギャップのあることが浮き彫りになりました。また、一方で当社の強みも判明し、守り発展させるべきものと、改善すべきものが明確になりました。

強大なライバル企業相手にシェア競争をしておりますと、シェアの推移に一喜一憂し、無責任な意見や非難に右顧左眄して大局を見誤り、安易な局所的対応に終始しがちになりやすいと思います。

しかし、先生の教えによって、ビジョン・到達すべき目標のあるマーケティング政策、どうなりたいか・どうあるべきか、ドメイン、ギャップの解消、一貫性などのキーワードを遵守し、ブレない実践に努めてきました。

何度かピンチを迎え、苦しめられもしましたが、ブレない政策が効を奏し、むしろ、ライバル・ブランドの方がブレブレになって失墜して行く様を何度も目撃致しました。

学習の機会はマトリックス戦略論に止まらず、戦略立案に要する関連の素養を授けてくださいました。

サイコ・ストラテジー（心理学的手法）による商品ラインとドメインの定義・差別化の可能性、トップ・ブランドのあるべき姿、ニューコンセプトの探索、さらに強大なライバルを倒す手法など数えきれません。

緑茶戦争が一段落した合間には、「ペンタゴン・モデル」なる考え方を提唱して戴きました。

ペンタゴンとは、提唱戴いた時に、伊藤園の育成すべきブランドが五つあり、それに由来して命名されたものです。この考え方は、複数のブランドをマネジメントするに際し、ブランドの独自の価値観や主張に統一性を貫き、それぞれがそれぞれを高め合う、最も効率的なマーケティング手法として編み出されました。さらに、複数ブランドの価値のネットワークが防衛網を形成して、ライバル・ブランドに伍するパワーを発揮するというメリットも考えられます。私たちのマネジメント手法の基礎となる考え方として活用させて戴いております。

今で言う、ブランド・ポートフォリオに該当するもので、これも世の中に流布されるよりも遥か前に主張されていました。

また、先生が亡くなる前の年、二〇〇八年晩秋から二〇〇九年初夏にかけて、藤沢のご自宅で「霊厳塾」なる勉強会を若手数名に対してボランティアで開いて戴きました。約五〇年培ってこられた勝利するためのあらゆる知恵と知識を授けてくださる勉強会でした。

ご闘病の苦痛をだましだまし、身と命を削られての丸一日、六回開催して戴いたと思います。

雀の涙程度の金額しかお支払できず、どこかに先生のご病状は回復されると甘えていたことが悔やまれます。

広野先生は私たち、所謂クライアントに対しては徹頭徹尾献身的であり、その膨大な見識を惜しみなく注いで下さいました。

しかし、決してそれをご自分の事業や収益には用いられなかった。また、富貴、名声には背を向けられていた。

だから、よく「ちっとも儲からないんだよネ～」と寂しげに、むしろ誇らしげに、しかし凛として仰っていました。

二〇〇〇年から九年間のほぼ毎月、とりわけ前半の五～六年間、私たちが緑茶戦争でライバル企業に対峙していた期間、生きた心地のしない、まさに血の小水の日々でしたが、先生にはその苦しみを分け合って下さいました。一日一日の艱難が厳しく苦しくとも、むしろ輝かしい日々であり、得がたい経験を共有させて戴いたと思います。

この得がたい経験を生かして、今後は世界をも相手に、より大きなビジョン・到達すべき目標を進化させ、日々精進し、お教えにお応えしてまいりたいと念じております。

今年もご命日と、春、秋、お正月に、墓前に戦線状況をご報告する訳ですが、やがて霊界メールで指令または、お教えを戴くのではないかと、先生なら本当にやりかねないと、半ば戦々恐々、半ば少しばかりワクワク期待を致しております。

広野先生はあちらの世界でもコンサルタントとして、ことばの定義と格闘し、根源価値にこだわり、辞書を片時も離さずご活躍のことと思います。

引き続きまして、ご冥福を心より祈念申し上げます。

合掌

Talking about Hirono

4

Minoru Hirono
×
Reika Otemori

子供たちの教育の現場で

言葉の勉強会に、華奢で少女のような、学校の養護教諭をされている小手森さんが参加していました。彼女は学生の心と身体の健康管理に携わって長いことご活躍されています。

「子供たちへの言葉の使い方で、顔色がリトマス用紙のように、変化するものだよ」

広野のその言葉はまさに、養護教諭であった彼女への言葉でした。

そして、広野は少し長い実話の話をしてくれました。

「小6の女の子が、男の子に「髪の毛が臭い」と言われ自殺してしまった。その子は長い髪の美しい子だったそうです。朝晩とシャンプーをしていたので臭いわけがない。当時は、男子のスカートめくりが論議されていた時代。小6といえば異性に目覚めていく年頃。男子は、その女子に好意を持っていたのでしょう。「いい匂い」とは言えず「臭い」と。人間は〝真実ではない言葉〟で、生死を決定してしまうくらいの恐ろしいパワーを持っているのです」

養護教諭の彼女も子供たちの教育の場、最前線で実践的に〝言葉のチカラ〟を必要だと考えていたのでしょう。

「できることなら彼女の学校に私は通いたいのです」

〝人の育成〟が天職だった広野は、もしかしたら最もやりたかったことなのかもしれません。

広野先生の思い出

都内私立大学附属中学校・高等学校　養護教諭
小手森　麗華

先生を形容する言葉があるとすれば、「背中」と「言葉の抽出」である。

昭和に生を受けた人ならば、「男は背中で語れ」という言葉を聞いたことがあるかもしれない。

当時、初めて先生の八重洲にあったオフィスを訪ねた時、タバコの煙で濛々とする中、笑顔で出迎えていただいたことを今でも覚えている。

高校生の健康管理を預かる職業についていた私は、とんでもないところに来てしまったと緊張の中に一瞬たじろぐ自分がいた。その一方で教育機関に長く身を置いていると、ビジネスの世界には全く疎く、生徒を送り出していく先の社会を見ておくことが大事だという思いがふつふつと沸き起こっていたのもまた事実であり、そのような思いを旧友に話す流れの中で広野先生を紹介された。

広野先生は優しく人を包みこむような面持ちをされておられるが、踵を返した後ろ姿は誰よりも凛とされ、まっすぐ伸びた背筋はしっかりと首、頭を支え、一本の筋が天に一直線に繋がっているような美しさだった。

私はこのような背中を男女を問わず、見たことがなかった。私は先生の後ろ姿に後光を見ている気持ちになった。

今ではメンターを持つというようなことが言われて久しいが、私は広野先生の後ろ姿を拝した時に、初めて私のメンターになっていただけないかという思いが沸き起こった。

程なくして、オフィスが八重洲から品川に移った。先生の勉強会に継続的に参加するようになったのは品川のオフィスになってからだ。

勉強会には一流企業のマーケティング業務を担当する方々が、熱心に先生の一言一言を漏らさず聴こうとする空気が充満していた。とても清々しい時間で、とても楽しみに伺ったことを思い出す。

私が参加した言葉勉強会で得たことは下記の2点だ。

1）物を生み出すという分野で生きてきてはない私は時に、

疎外感を感じながらも商品開発の土台がどのように構築されていくのか、参加者が広野先生からそのエッセンスを得ようとする真摯な姿勢を見ることができたことは貴重な時間だった。

2）新しく商品を開発していくそのプロセスにおいて、広野先生のこれまでの業績の土台を惜しげもなく差し出される先生の姿勢に感嘆した。

また、その土台がどのように作られていくのかについても膨大なデータベースがあってのものであること。命よりもデータベースが大切であるということを知り、大ヒット商品を生み出し、人々の記憶に残り続けるものを生み出すということは揺るがぬものの知の土台なくしては成り立たないことを学ぶことができた。

土台といえば、先生が膨大なデータベースを構築される過程ではあらゆる分野の辞書がそれを支えていると伺ったことがある。辞書は宝であると。先生が利用されている辞書の一部をご紹介いただいた。

心理学用語辞典、生理学用語辞典、シンボル用語辞典、ファッション用語辞典、音楽用語辞典、コンピューター用語辞典、哲学用語辞典、物理学辞典、民俗学用語辞典、古語辞典などである。

先生曰く「辞書はその言葉の世界を拡げ、深く知り、よって新しい意味を見出して感激すること」であると。

先生の飽くなき言葉への愛を感じいると同時に、それこそが先生を支える大きな土台になっているのだと感じた。

だが、その一方で言葉の洪水に溺れてはいけないと警告を発する。つまり、その言葉の大きさと深さを知り、そこから着想を得たら辞書から離れることを説く。

私は当時開催されていた言葉勉強会を通じて得た先生のお言葉を読者の皆様と共有させていただきたい。それは先生が天に召されてから10年を経過しても古くなることがないからである。

先生からいただいたお言葉

・問いを作るのは哲学であり、その答えはサイエンスである。
・誰でも共有できる言葉で話すことはセグメンテーション。
・プロとはアドリブをやらない。計算をしつくしている。相手の時間を奪わない。シナリオを読んでいるとは思わせない。間違えはわざと間違える。これが意図的にできるようになったらプロである。最悪の条件でも腕が揮える。嫌でもそれなりの成果を出せること。行動が反射神経になっている。わからないことをわからないと言えること。一つのことに徹することができること。よって知らないことが多いと自覚していること。一瞬の連鎖反応が極意である。

・私はこれまで天と仕事をしてきた。

・子育ても教育も自分の内的基準を確立すること。教える側に原理を持て。相対的に決めようとするな。優しさと迎合は違う。教育においてはそこをはき違えてはならない。

・教育は人を作ること。誰とすれ違っても身を隠さなくてはいけない人を作らないこと。

・反省する人は目標がある人だ。

・外的評価への依存は反省する人を少なくした。

・昔の子は知力が大きかったが、今の子は志しが小さい。

・若者の特性を理解しよう。若者は教えられることを好まない。刺激されること、信頼されることを好む。

・生徒がもっているものを引き出す。それが問いの教育につながる。

・笑いのレベルを上げる。笑いを取ろうとして笑わせるのは最低。一呼吸置いて笑わせるのが最高の笑いのレベル。

・教育の本質は未来に向けて発すること。子供たちは未来から来た留学生である。

・これからの時代は「喜力」が必要だ。自ら喜ぶことのできる力が必要になってくる。

・選ぶことをするな。選んだものを最善にすることにベストをつくせ。

・他者があなたを甘やかすことに負けてはいけない。

・大人は「漢字」で考える。子供は「感じ」で考える。

・入口とは出口があるかもしれないという仮説にすぎない。原因は結果に文句を言わない。

・答えより問いのほうが深い。

・再帰代名詞を使って話すと、物事が正確に動いていく。例えば「私がやります」ではなく、「私自身がやります」ということで、言葉の予測力を活かすことになる。

・品格のある言葉とは、本人にとって幸せになる言葉を伝えることが出来るかどうかだ。

・ほめ言葉の原則：美しいとその人が感じる言葉を言うことがほめ言葉の本質。期待しているほめ言葉の満足度は50%。それを100%にする4つの法則

1）美しい人にはその知性を、知性のある人にはその美しさをほめよ。

2）「美人ですね」＝親をほめていると一緒。その人が努力したことをほめる言葉を発する。

例えば「きれいですね」＝なにをしているか教えて！と言って関心を寄せることが出来る。

3）第三者を通してほめる。客観性を持たせる。

4）意外性の発信。「誰々に似ていますね」。

・言葉を学ぶとは、例えば茶色と聞いて茶の色を想像する時、人は何故ブラウンを思い浮かべ緑ではないのか。そこに意識が向いていないことを恐ろしいことと認識せよ。気づいたら辞書で徹底的に調べること。

・辞書を読めばその分野のプロになれる。未知な分野でも辞書があれば切り込める。

・言葉の洪水の中でおぼれてはならない。

・言葉によって人は影響を受けるから、発する言葉は誠実であることが求められる。

・心と身体はせめぎあう。そして身体が心に勝つ。しかし、それを受け入れる勇気を持つとき、心が身体に勝つ。

先生から直に教えていただいた教えの中で、一番得たことは、言葉を思考するとき、発するとき、読むとき、調べるとき、どの過程でも誠実な姿勢と愛が必要であることである。また、主観と客観のバランスを調べ尽くしたその言葉から最適な言葉を抽出していくそのプロセスなしには人を感動し続ける言葉は生れ出ないものだということだった。

越護さんより今回、執筆の依頼を受けたとき、正直荷が重いと感じた。案の定、締め切り日を先延ばしにさせていただき、大変迷惑をおかけしてしまった。

今、拙筆を披露するにあたり、いかに広野先生から多くを学ばしていただいたことかと、感謝の念に堪えない。

先生のご逝去から10年以上、私は何をしてきたのか。日々学校の保健室で生徒と対峙するなかで先生の教えを体現出来てきたか、甚だ疑問であり、今、先生に合わす顔もない。

しかしながら今回このような機会を与えていただき気づけたことは、先生からいただいた数々の教えから私の中の土台をしっかりとしたものにせよ、ということだった。

そして、私自身が生徒たちに向けて発した一言がその生徒の中でどのように作用するのか、その生徒の未来に影響を与えるほどに恐ろしいものであると自覚しながら発することができているのか、を自分自身に問い続けていきたいと思う。

言葉の洪水に埋もれ、流行語をキャッチし、一知半解にも満たない状況で通り過ぎていく日常の情報の数々。

我々を取り巻く環境はもの凄い速度で変化し続けている。今、先生がご存命であられれば、どのような「問い」を私達に投げかけてくださるだろうか。

2009年7月3日、銀座で行われた先生の新刊「職場うつの正体」：出版記念セミナーで、先生は病いの御身を抱えながら下記のように話された。

「リンカーンは一日の進歩もない人は私は信じないと言った。書物を書き終わって、やっと書くべきことがわかる。人は言葉で何をするのか。人は言葉をいかに生きるのか。私はその言葉のように生きたい。言葉を生きる、72歳！自分の語る言葉を必死に生きようと思う。」と。

これは先生のご覚悟の言葉であり、今でも熱いものがこみ上げてくる。

そして、続編は「うつはパワー」であると次なる方向性を指し示され、そこに集った人々は楽しみにした。

先生は提示され続けてきたご自身の話法を最後まで示された。そのような生き方から遺された者は大きな信頼を先生に見ることが出来続けている。

セミナー終了後、後部座席にいる私のところまできてくださった。当時私がしていた思春期のSOC（首尾一貫感覚）の縦断調査研究に興味を示され、研究の信頼性と妥当性について、話したいことがあるから次回お目にかかりましょう、と言ってくださった。

しかし残念ながら先生とお話ししたのはこれが最期となった。

言葉を愛し、言葉を紡ぎ、多くの人々を幸せに導かれた。ビジネスのことについては私は門外漢であるが、言葉をどのように生きていく力に昇華させていくのか、そのほんの触りを先生から直接学ぶことが出来たことはこの上なく幸せなことであった。

先生の遺された言葉を更に掘り下げて、出会う生徒たちに還元したい。

苦しいといって来室した生徒を笑顔で退室させたい。

先生からいただいた私の命題はこれだと思う。

肉体を離れても人を育て続けている広野先生は、これからも私の中では「一流」ではなく「極上」のメンターであり続けている。

Talking about Hirono

5

Minoru Hirono

×

Takashi Morita

三回勘当された弟子

広野の最後の著作本になった『職場うつの正体』の出版記念パーティの会場の片隅に、遠慮がちにひっそりとお祝いに駆けつけた人がいました。

森田くんです。当時、生業は人材派遣会社で就労関連の仕事を担当していました。そのとき彼は広野に〝三回目の勘当〟をされていたため招待されておらず、ひっそりと隠れながら参加していたのです。

人望厚く、いつも謙虚な姿勢は、広野もよく私に彼と仕事をしてきた話を楽しそうにしてくれたほど。広野が亡くなる数年前のある日、「本当の弟子にあいつはならんかな」とポツリと呟いたことは今でも忘れられません。

広野が入院していた大学病院の病室で恐る恐る聞いてみたことがあります。

「先生、彼は毎日のように朝ご自宅の玄関前に先生のご出勤を待ち、勘当を解いてもらおうと謝罪に通っていましたが、なぜ厳しい対応をされているんですか」

その問いに広野はこう答えました。

「それはね、彼のテーマ発見のためなのだよ。あの子はね、心根が綺麗だから僕は好きなんだ。どんな苦境でも悩み深めながらも、その反転力のパワーは、あなたと似ている。苦のエネルギーを喜びのエネルギーにする変換力だよ」

そのとき私は、彼のことを羨ましく思ったほど。親子のような親友のような、私たちには入り込めない絆を感じ、お二人の師弟関係に感激したことを覚えています。

今も私の中で生きている我が師

一般社団法人公民共創サードプレイス推進機構
代表理事
森田 孝

「広野穣」という一人の人間が残した言葉と行動をもとに、本が出版されることは、私ども門下生にとっては大変嬉しいことであり、又そのページの一端を担えることはこの上ない喜びである。

しかし一方で、読者の皆様のお役に立つようなことが自分に書けるのか、否、書く資格が自分にあるのか、正直なところ大いに迷いもある。

なぜなら、私は広野先生に生前3度ほど「勘当」されたことがあり、師曰く「(門下生の中で)一番勘当された回数が多い弟子」だからである。

そんな不名誉な経歴を持つ私が、果たして読者の皆様のお役に立つようなことが書けるのか正直なところ甚だ自信がないのだ。

しかし、「執筆を機に亡き師との〝対話〟を楽しむつもりで書いてはどうか。書くことで、改めて師の考えや想いに触れる機会になればいいのではないか」と、門下生の姉弟子的存在である越護啓子氏に背中を押され、執筆の大役をお引き受けした次第である。

さて、先程から「門下生」と書いたが、我々は、元々先生と塾生といった関係が前提にあったわけではない。

しかし氏は、生前残された数々の珠玉の言葉で、逝去して十年以上たった今でも尚、生きる上での道標や希望、又時には戒めを与え我々を律し続けてくれる、関わった我々にとって紛れもなく人生の恩師なのである。

出会い

私と広野先生との出会いは、当時八重洲にあったライジング社のオフィスに職場の先輩に連れられて訪問したのがきっかけだった。

「面白い人がいるから会わせたい」それだけの事前情報で訪れたオフィスで、やや小柄ながら背筋をびしっと伸ばし、ダークブルーのスーツを着込んだ広野先生が迎えてくれた。

ビジネスの世界で百戦錬磨を潜り抜けてきたコンサルタ

ントの持つ独特な威圧感を緩和するような、ややカールした白髪交じりの髪型に優しい笑みを浮かべた広野先生が、やや緊張気味の私を安心させるような親しみ深い声で「あぁ、いらっしゃあい」と迎えてくれたのが今でも印象に残っている。

話を聞けば、各業界トップの超大手企業をクライアントに持ち、誰もが知っている数々の商品を世に出してきた新商品開発の独立コンサルタントだという。

独立した当時、先生はまだ20代で、実績ゼロ、知名度ゼロの駆け出しコンサルタントだった。それでも言語学と心理学をベースに独自開発した新商品開発メソッドである「COM法」だけを頼りに、各業界の最大手企業の役員にプレゼンして回って、仕事を任せてもらってきた武勇伝の持ち主であった。

「COM法」については、『商品開発戦略シナリオ』（かんき出版）等にまとめられている。

先生はよく「名刺代わりに本を書きなさい」と言っていたが、自身もライジング社を立ち上げるまでの間、実に80冊近くの本を著していた。

その内容は、先生の専門であった新商品開発に関するものはもとより、戦略論や企画発想法、リーダー論、そして「人と接する人の心理学シリーズ」と称する、心理学を活用した「幸せの言葉」「ほめ言葉」「人を動かす言葉」「自信をみなぎらせる言葉」「心のパニックに強くなる言葉」等、人を癒す言葉の専門書など実に多岐に及んでいる。

しかしそんな華やかな経歴の一方で、この「ライジング社」という少し古風な会社名に正直少々違和感を感じたが、その命名の理由を聞いて納得した。

当時起業そのものが今ほど盛んではなく、まして定年退職の年齢から起業するという発想は稀有だった時代に、広野先生は還暦起業を決意したという。

そして、それまで極めた新商品開発を通じて培ったノウハウをもとに人材育成にテーマを変え、「ｓｏｎ（息子たち／後世を担う人材）」を育てるという意味合いに、太陽が昇るという意味を重ね合わせた「Ｒｉｓｉｎｇ ｓｏｎ」という言葉を元に「ライジング社」という社名を付けたとのことであった。

その初回訪問の帰り際、広野先生から「またいつでもいらっしゃい」と優しい笑顔で見送られた。

無論とても有意義な面談ではあったが、当時私の担当していたビジネスと直接関りになる当てがあったわけでもなく、又再訪する宿題を授かったわけでもなかったので、社交辞令程度に考えていた。

しかしそれから2週間ほどして広野先生から連絡があった。

「今度はいつ来るの？」と。

正直、その時には次回訪問など予定もしていなかったし、訪問したとして一体何を話せばいいのだろう位に考えていたが、逆に断る理由も見当たらなかったので、私は再度訪問のアポイントを頂いた。

それが、その後約4年間に及ぶ「広野塾」での学びと、私の人生を大きく変える師弟関係の始まりであった。

「広野塾」

当時私は、国が導入した若年フリーターの就職支援センター事業の立ち上げの最中で、新たな若者向けの就職支援プログラムの開発を手掛けていた。先生は意外にも、そのプロジェクトにとても興味を持ってくれ、私の「広野塾」の初回は専らその話題であった。

このプロジェクトの運営に係る重要な役割に、研修生の世話役として「チューター」がいた。

なぜ「チューター」と名付けたかというと、個別に心理相談や就職相談にのる「カウンセラー」でもなく、また「アドバイザー」「コーディネーター」「ファシリテーター」どれも違う気がした中で、大手予備校で学生の世話役として使われていた「チューター」が一番しっくりしたので使っていた、という程度の理解が本音であった。

当時広野先生の質問は、まずその「チューター」の存在・役割に集中したが、私はその質問の大半に明確な回答ができず、「あなた、チューターのこと何も知らないで使ってるんだね」と先生に呆れられた。

そして、それから2週間ほど経った頃だったろうか、又先生からメールが来た。

「チューターの企画がまとまったから、取りに来てください。いつ来られますか？」と。

そんな作成をお願いしたつもりもなく、もちろんお支払い出来る予算があったわけもなく、正直不安を抱えながら再度オフィスを訪ねてみると、「いやあ、色々研究してみてチューターのこと随分わかったよ！」と非常に満足げな笑みを浮かべ、先生はいつもの通り迎えてくれた。

そして、チューターの研究？　とやや訝し気な私の表情を見て、先生は1冊の資料を差し出した。

その表紙に『チューター―の独自の役割を考える』と題された約10ページの資料の内容はこうだ。

・チューターの役割を比較して考える
・チュータリングの基本的な2つの方向：ディレクティブとノンディレクティブ
・チューターの仕事のタイプ
・チューターの独自性を考える
・チューターが参加する「ミーティング」での役割を考える
・ジェンダーのクロスオーバー
・ファザリングとマザリング
・チューターとは
・ビジネス・チューターから「パーソナル・ライフ」チューターへの発展

驚いた。

「チューター」というたった一つのキーワードをもとに、どうやってこんなにも掘り下げた企画ができるのか？

しかも内容は、「チューター」に係る様々な情報を収集したうえで独自に理論構築したものにはとても見えなかったからだ。

広野先生は、国語辞典・漢和辞典・和英辞典・英和辞典はもとより、対義語辞典・和英の語源辞典をいつも傍らに置き、常にこれらを駆使しながら、課題のキーワードを徹底的に掘り下げることから企画を始める。

「チューター」についても例外なく、この一つの言葉を理解するために、まずは様々な辞書を駆使し、あらゆる角度から徹底的にキーワードを分析し、実に体系的な解として提示する、まさに広野流であった。

「チューター」について言えば、元はラテン語で「ｔｕｅｒｉ」英語の同義は「ｔｏ ｌｏｏｋ ａｆｔｅｒ＝めんどうを見る人」であり、女性詞として「ｔｕｔｏｒｅｓｓ」がある、といった具合である。

そして、家庭教師をする、個人教授をする、個人的にこつを教える、後見する、保護する、指導する、世話するといった機能を導いたうえで、他の類似の職種との役割比較を行うことから資料は始まった。

その後、言葉によって定義された役割をもとに、実に様々な角度からその役割機能の理解を深め、立体的にあるべき姿を浮かび上がらせてくるという手法は、その後の企画においても一貫したものであった。

そうした手法について、広野先生は以前こんなことを言っていた。

―分けると解る―

「分解」という言葉があるが、『漢字源』によると、「解」の漢字は、「角+刀+牛」で、刀で牛の体や角をばらばらに分解することを示す、とある。

たとえ分からない事でも、その言葉を、他の言葉との対比や学問体系との関連を手掛かりに分解し掘り下げることで、キーワードに隠された企画における課題や目指すべき方向が理解できるのだと。

そしてそれらのノウハウは、『言葉によるアイデア開発―5冊の辞書で独創的脳HOW―』（ソーテック社）という本で出版もされている。

「問い」の創造

その後も事あるごとに、先生は様々な企画書を我々にくれた。

本稿執筆にあたり、改めて整理してみると、先のチューターに関連するものだけでも14インデックス、その他様々な分野を含めると、私の手元にあるだけで100近くの企画書の「遺稿」を頂いたのである。

しかも、それらの企画書について、これまで対価を求められたことが一度もないのである。今から思えば、「託された」と言った方が適当な言い方なのかもしれない。

また、これまで幾度となく先生の立てた企画のプレゼンを直接聞かせもらう機会があったが、広野先生のプレゼンはいつも疑問を差しはさむ余地がなかった。プレゼンが終わるころには常に、その企画に対して深い理解と共感を得たような気持ちになってしまうのだ。

しかし、そのほとんどは、企画書の定型にあるような、企画の背景・課題の分析・解決策・実行計画・効果測定といった体裁あるものではない。

先の「チューター」を例にとると、「チューター」という言葉の語源からその機能・成り立ちを辿ったうえで、他の類似職に対しても同様の整理を行いながら比較し、その役割の独自性を明確に定義する。

そのうえで、育成プログラム、育成後の組織化の方法といった様々な視点で、そのあるべき姿を立体的に一気に創り出してしまうのである。

それはあたかも、一つの言葉を手掛かりに自問自答しながら連想ゲームを楽しんでいる過程を極めて精緻に整理した、広野先生の脳内における「思考過程メモ」であるかのように見える。

そして、その連想を導き出すに当たって、先生はよく「問い」の重要性を語っていた。

ある時に、先生からこんな質問をされたことがある。

―「もし、ロダンの「考える人」に一言声をかけるとしたら、貴方ならなんと声をかけますか?」―

広野先生は唐突にこんな頓智のような問いを投げかけることがしばしばあった。

これは、先生がある企業の研修で行ったワークショップ用に用意した質問で、我々門下生もあれこれと意見を出し合った後、「無論正解があるわけではないんだけどね」と悪戯っぽい笑顔で前置きをしたうえで、先生の用意した回答を教えてくれた。

―「いつ、動きだすのですか?」―

人間が考えることの本質的な意味を改めて考えさせられた問いであり、とても記憶に残っている。

この後も広野塾では、折に触れ様々な問いが発せられた。

時にそれは宿題として私に課され、私の頭を悩ませた。

ある時は、『イソップ寓話集』を読んで、名言につながりそうなワードを選択せよ」などという宿題もあった。

「良質な問いには、良質な解が伴う。人間は問うことで成長する」と。

また、私の手元に遺された企画書に『問いの創造』というものがある。

・問いとは何か
・なぜ問うのか
・いかに問うのか
・何を目的として問うのか、問うことによって新しく何が得られるのか

という広野先生流の独自の書き出しで始まるこの企画書に、「問い」について次のように書かれていたのがとても強く印象に残っている。

―世界を動かしているのは、問いであって、答えではない―

答えとは、創造であり、決定であり、行動であり、要す

るには、すべての成果を生み出すもととなるものである。

にもかかわらず、世界を動かしている根源は、答えにではなくて、問いにある。

何かが問われれば、何かが答えられる。

新しい何かが問われれば、新しい何かが答えられる。

我々が授かった「遺稿」は、企画を考える過程で生じる様々な疑問をもとに高次元の問いを自らに課し、愚直にその解を探求する。

その問いを導き出す背景にある教養が実に幅広く、一つの企画が完成した暁には、そのキーワードとなった言葉に対する超立体的な理解がなされるため、疑問をさしはさむ余地がなく、圧倒的な共感をもたらしてしまうのではないかと思う。

先生の遺した企画書はどれも、まさに言葉を手掛かりにした分解・連想の思考過程を示したものであり、その過程の拠り所となっていたのが心理学と言語学、そしてそれを支える辞書の存在であった。

この問いの創造手法について、広野先生は「QSA（Question，Solution，Action）サイクル」と称し、『QSAマネジメント革命』（創樹社）を著した。

だから、10年たった今でも、私はこれらの「遺稿」を手放せずにいる。

すさまじい時代の変化と共に日々変化する課題に対し、企画書も又日々新たなものが生まれてくる。10年以上も前に作られた企画書など、記念品としての価値しかないようにも思える。しかし、私は未だに仕事や人生について迷ったとき、この遺稿を紐解くのだが、不思議なことに、古びるどころか常に新たな気付きをもたらしてくれるのだ。

それはまるで、先生が死して尚我々の状況の変化に応じて、最適なヒントを語りかけてくれるように感じることさえあるのである。

「霊界通信」と「人生のテーマ発見」

こうした感覚を持つのは私だけではない。広野先生の元で学んだ門下生共通の感覚であり、それを我々は「霊界通信」と呼んでいる。

否、この一見おぞましく聞こえるこの言葉は、生前広野先生がその存在を予言したものなのだ。

なぜそのようなことが出来るのか。そこにも広野流根源的アプローチとでも言うべき手法が隠されているように思う。

ここで又、私に託された遺稿の一つをご紹介したい。

そのタイトルは、

『生きる喜びのテーマ発見　カウンセリング心理学からのメッセージと世界の名言集から自分自身のテーマを読み取る　テーマ発見から実行計画へ』

である。

この説明の前に、広野先生が晩年、この「人生のテーマ発見」プログラムに心血を注いだ背景について触れておきたい。

それは、ライジング社の起業を決意することにも繋がった、あるエピソードが関わっている。

前述のとおり、先生は仕事を通じて各業界最大手の役員の方との親交があった。

その役員の方の一人が定年退職後しばらくして先生の元を訪ねて来られ、非常に落ち込んだ様子で「先生、テーマを下さい」と寂し気に話したという。

それまで大手企業の役員として大きな事業を決済してきた人が、退職してしばらくは悠々自適に生活を楽しんでいたが、やがて人生のテーマを見い出せず、そのテーマを求めて先生を訪ねたというのである。

この時に先生は、「人生のテーマ開発」を通じて、年齢を問わず人材を育成する術が必要だと痛感し、ライジング社の起業を決意したとのことであった。

従って「人生のテーマ開発」は謂わば、広野先生のライジング社起業におけるテーマであったと言っても過言ではないと思っている。

ここで、この「テーマ（ｔｈｅｍｅ）」について、広野流は例外なく、この言葉を紐解き、実に納得感のある話を聞かせてくれた。

それは、「テーマ」＝「主題（【仏】ｍｏｔｉｆ）」であり、「【英】ｍｏｔｉｖａｔｉｏｎ（動機づけ）」と同じ語源で、つまりは、人はテーマによって動機づけられるのだと。

そして「テーマ」を独自の言葉で次のように定義した。

―未来に向けて　自分自身を内発的に動機づける目標を、はっきりとした言葉として　つまり主題として　簡明な言葉で表現した、その言葉―

そしてこの企画の中で広野先生は、

「一語診断・一語セラピー」と、「名言集からのテーマ発見」という2つの独自開発プログラムを柱として掲げている。

広野先生は、言葉に独自のインデックスを付け分類し、データベース化していた。そのデータベースを活用し、これらのプログラムは開発された。

先生は、名著と言われるものは国内外の古書に至るまで幅広く読んでいる実に教養深い方だった。

そして、それらの中から抽出した「名言」も同様にデータベース化しており、時折それらをお披露目してくれた。

それはシェイクスピアの戯曲の一節や、ナポレオンや嘗てのアメリカ大統領等の言葉を原文のまま引用したものもあったが、中には言葉の本質をとらえ少し表現を変えたオリジナルの名言も含まれていた。

以上、広野穣先生との想い出は尽きないが、最後に私にとって生涯忘れえぬ名言となったものを一つお披露目しておきたい。

その言葉はこうである。

—人生に最良の選択はない。

あるのはただ、選択を最良のものにしようとする努力だけだ—

巻で見られる名言集の類の中でもお目にかかったことのない名言、亡き師からの贈り物と信じて、今も大切にしている言葉である。

そして先生の生前最後の開発プログラムとなった『人生のテーマ発見』というソフトが2008年に開発されたのである。現在CD—ROMの存在しかなく、ご興味をお持ち頂いた読者の皆様に広くご体験頂けないのが残念であるが、心理学の論理療法をベースに開発された数々の質問への回答に対して贈られるたった一文字の漢字に、都度ハッとさせられる。

それは、時に励ましであり、時に癒しであり、時に戒めであり、時に慰めである。

今も師が存命であったら、いつもの優しい声でこんな言葉を投げかけてくれたのだろうか……。

今はその言葉をパソコンの画面越しに私に見せてくれる。

我が師広野穣は、今も私の中で生きているのである。

(了)

Talking about Hirono

6

Minoru Hirono
×
Naruhito Ueda

一番年の離れた友達

広野がとても可愛がっていたお弟子さんの一人上田くんは、元ボクサーで怪我のためプロとしての道を断念した京都の湯豆腐屋の後継者です。

広野から「僕の一番年の離れた友達です」と紹介されました。年はずっと下ですが、私の兄弟子になります。

「彼はね、最初なかなか心を開いてくれなかったのだよ」と広野は穏やかに、私に上田くんのご実家やボクシングのことなどを話をしてくれました。だんだんと広野は上田くんを指導者として導いていることに気づき、それは時に厳しく、時に父親のように温かく接していた景色は〝師弟関係に見る美しさ〟そのものでした。

「心を開き始めたのはね。彼の言語に置き換えて会話をしたからなのです」

そのとき初めて「相手の言語に置き換える」という言葉を聞き、私にはよく理解できなかったことを覚えています。

「人は得意な分野のことになると生き生きするのです。その人の得意を見つけなさい。そして、その言語でお話をしてみてください」と広野は教えてくれました。

広野はボクシングのことを密かに学び、上田くんへの教えをボクシング用語に置き換えていたのです。

上田くんが実家に帰ることになったときの寂しそうな、嬉しそうな複雑な顔は忘れられません。

広野先生との想い出

株式会社　順正　代表取締役社長
上田　成人

私が恩師、師匠である広野先生と出会ったのは平成16年。長年続けていたボクシングを現役引退し指導者として続ける傍ら、家業である湯豆腐屋を継ぐべく東京根岸にある老舗豆腐料理店『笹の雪』で修業をさせていただいている時のことでした。

同店、奥村社長におもしろい先生がいらっしゃるとご一緒させていただいたのがご縁でした。

スーツ姿のビジネスマンが行き来する品川のオフィスビル。それまでスーツなんて友人の結婚式ぐらいでしか着たこともなく場違いなGパンでラフな格好をしていた私は、こんなところに来ていいのか⁉　と緊張したのを今でも覚えています。

オフィスに着くと独特の雰囲気を持ち一見、怖そうに見えた先生でしたが対面するとニコニコ優しい笑顔でお迎えくださり内心ほっとしながらご挨拶をさせていただきました。

先生の周囲に比べると風変わりな経歴、自己紹介をすると仕事の話よりボクシングの話を非常に興味深く聞いてくださったことが印象的でした。

「もっとボクシングの話聞かせてよ」とおっしゃっていただき、ボクシングしか取り柄の無い私は嬉しくなり現役時代の成功や失敗、指導者としての現在、これからの希望や不安など、日が暮れるまで色んなお話をさせていただきました。

先生はその話を興味深く聞いてくださり最後に、

「成人さんのボクシングの話はおもしろいね、僕とメール友達になりませんか？」

とメールアドレスを交換し、帰り道にさっそくお礼のメールをいただきました。

当時、先生は70歳を越えられておられたのにメール（しかもガラケーの小さなボタンから）、ワープロ、PCまでも使いこなされお年を召されても頭が柔らかい方だなとまず驚きました。

そしてメール友達としてやり取りし再度、オフィスへ遊びにいかせていただくのにそう時間はかかりませんでした。

そのうち少し年上の優しい先輩と話すかのように毎週、先生のオフィスへ遊びに行かせていただくようになりプライベートも含め他愛のない話にも耳を傾けてくださいました。

遊びに行かせていただいた時、訪れるたくさんの方々に私を、

「僕の一番歳の離れた友達です」

とご紹介いただきました。

それがとても恐縮でお忙しいのに私なんかのためにお時間作っていただいたこと感謝しています。

一度その事をお礼したら先生は、

「成人さんと話していて僕もとても勉強になっているから気にしないで、これからも会えることを楽しみにしています」

とおっしゃっていただき、その言葉の通り、先生も私の考えから何か感じ取ってくださっていたように思います。

「私のような全く違う分野、人生で味わった喜怒哀楽から学んだ教訓や理論もこのようなすごい先生を考えさせるものもあるんだなぁ、いや、違う分野だからこそ新鮮で得るものもあるのかなぁ」

など当時、思っていました。

私のするボクシングの話を武道など逸話を交えた先生独自の見解で解説してくださり、また自分が先生とお話しすることにより、感覚で感じていたことを言葉にすることではじめて整理され自分も気付くこともたくさんありました。

ボクシングというのは歓声の飛び交うリングで誰に頼ることなく1対1で殴り合うという極限に近いスポーツでもありますので日々の練習と同じくらい、メンタル面が重要です。

教え子たちには先生にいただいたアドバイスを自分の言葉として教え子たちにはお話させていただきました。

なんとなく自論でもないのにむず痒いので一度、その事も先生にお話すると、

「成人さんがその話を聞き考えて納得したのならもうそれは成人さんの考えだよ」

とニッコリおっしゃっていたのをよく覚えています。

剣道、武道を嗜まれていた先生のお話は本当に面白く巌流島の決闘で宮本武蔵のとった戦略、歴史的見解を交えたお話をはじめ歴史に残る勝負など多くのお話をお聞かせいただきました。

弊社は飲食メインのサービス業ですので、先生は、
「テニスのサービスエースにあるようにサービスとはお客さまの心に打ちこむものだ、打ち返せないようなサービスを順正に訪れたお客さまに打ち込みなさい」
とよくおっしゃっておられました。

まったく違うように見えるボクシング、その他のスポーツ、勝負事にも通ずるものがありもっと突き詰めると経営、人間関係、人生にも通ずるもので先生は分かりやすすく勝負のあり方、考え方などをいろんな角度から分かりやすく自分流に考えられるようにお話しくださいました。

それを踏まえ、ボクシングでの戦術、戦略を弊社のサービスに置き換え考えてみるようにとよくおっしゃっていました。

これは弊社の経営に例えるとジャブかな？
これはストレートかな？
と当てはめ、組み立ててシュミレーションしていくとすべきこと、こうあってほしいこと、これが上手くいかなかったらこうしようと、一見、飲食業とはまったく違うものですが相通ずるものへと変換させ、今まで培ってきた考え方や経験したことも弊社での一連のおもてなしの流れへと無駄なく活かされるような考え方へと導いてくださいました。

それだけでなく古代ギリシャや数々の哲学者のお話をはじめとした数々の逸話など本当にこの人は知らないことがないのか？　と思わせるくらいたくさんのお話をお聞かせいただきました。

余談となりますが先生は僕と出会うまで弊社をご存知ではありませんでした。

私も経営の〝け〟の字も知らず自社に戻り、継ぐことに自信もなければ想像もついておらず、社内でどういう立ち振る舞いをしたらよいのか？　など、自信もなく後ろ向きで詮索されたくないこともあり、当時は誰にでも弊社を「京都の小料理屋です」とお伝えしていました。

先生もそれに対して、
「へーそうなんだ」
くらいのもので、そこには興味を持たず、人と人、ボクシングをしている上田成人としてお付き合いくださいました。

先生が弊社の規模をお聞きになられ、驚くこともなく、
「へー思ったより大きなお店だね」
と興味を寄せることもなく、私は弊社での立場や背景ではなく、自分自身が認められたと思い、それがまた嬉しかっ

た事を覚えています。

弊社に関しても数々の企業をご存知である先生とのお話でそれまで自分が想像していた弊社、固定概念とは違った角度からの目線で見ることが出来ました。そして帰った時の立ち振る舞いや考え方、こうしていきたいという展望なども具体的に想像できるようになり、先生と時間を共にすることであまり考えたくなかった京都に帰ることを逃げずに向き合えるようになっていきました。

正式に先生の下でかばん持ちをしてみないかとお誘いいただき、豆腐料理店での修行も一段落ついていた私は二つ返事で先生の一番歳の離れた〝友達〟から〝弟子〟として、付き人として間近で先生の背中を見て勉強させていただきました。

はじめはビジネス用語などもちんぷんかんぷんでしたので本を購入し話についていくのに必死でした。

それももちろん自分の知識につながりましたが、それ以上に先生から大人の男、ジェントルマン、ビジネスマンとしての立ち振る舞いなどを見ることが出来たのは本当に良い経験でした。

推測になりますが、時には私に対してガッカリすること、腹立たしいことも多々あったかと思います。

それでも先生はいつもニコニコ穏やかにされていたことが印象的でした。

そんな先生に私は何度か叱られていましたが、最初で最後、一度だけ一際強く怒られたことがあります。

それは京都、先生と弊社へ訪問した際、僕は自社への訪問ということもあり適当でラフな格好でお迎えにあがると、いつもニコニコされている先生が一瞬で鬼の形相になり、

「こんな格好で自分の会社に行くつもりか？　ふざけるな！今すぐ着替えてこい！」

と大きな声で怒鳴られました。

それは私の存在が自社、社員にどんなイメージを与えるのか？　を軽く考え甘えていた認識不足でした。

その一件は弊社に於いての自分のあり方をより深く重く考えるきっかけとなりました。

このように叱られ誉められ厳しくも優しく、背中を見せ、気付かない事は強制的に押し付けるのではなく諭すように導いてくださったことや、そこで学ぶと言うよりも肌で感じたことを思い返してみると、当時の日々が間違いなく今の糧になっています。

先生は、来客から来客までの空いた時間によく、

「空気を変えよう、コーヒー飲みに行こうか」

と喫茶店や近くにある公園のベンチに座り他愛のない雑談をし、息苦しい思いをすることもなくリラックスし、先生からのヒントを元に考えがひらめきやすい環境で日々を過ごさせていただいていたんだなと今になって思います。

私は基本的に人を頭から信用するタイプではなく用心深い性格なのになぜ、先生の考え方やお話には、こんなにも説得力があったのか？　と振り返ってみると、先生のお人柄はもちろんですが先生のお言葉は本当に自然と心に入り込むというか元々、心にあったものを掘り起こしたというか、なるほど、これはそういうことだったのかとストンと心にはまるというか、表現が難しいのですが、それはそこまで細やかなところからお考えなのか⁉　と思うくらい緻密で細やかな英語、漢字の語源や成り立ち、言葉の意味など目線を掘り下げ、人が生きる上で普遍的なものを時には分かりやすい図に組み立て創り上げ導いておられていたからではないかと思います。

特に漢字の成り立ちから考え方、捉え方を先生から学ばせていただきました。

例えば「弱」という字、「強」という字には弓が1つに対して武器である弓が2つもあるのになぜ〝弱い〟のか？

これは装飾が施され実用的ではないからとのこと、つまり強さを追求する際、飾りは必要ない、見た目で強そうに見せたりかっこよく見せるより機能的で使いやすい方が良いからとのことでした。

また先生に弟子入りさせていただきようやく一日の流れが分かりはじめた頃、

「〝慣れ〟てもいいが〝馴れ〟てはいけないよ、〝馴れる〟には『馬』が入っている。馴れ馴れしくではなく丁寧に、人は動物ではなく相手の事を考えて行動できるんだから」

と漢字の成り立ちから言葉を読み解きアドバイスをくださいました。

先生の説明は耳で聞いて納得する、文章で読み納得する、図で見ることで3段階の納得することで飲み込みの悪い私でも頭にすんなりと入ってきました。

自分を鼓舞するとき、まず自分がその理由を納得し全力で信じなければならない。

自分に嘘はつけないので自分の考えを信じるにはそれだけの理由が必要である。

その理由を心底納得させること。

先生は人の想いやくり返される歴史、先人が遺した教訓や叡智、哲学を踏まえ見出されておられました。歴史や現在、色んな角度から見て人の心を深掘りした考えだから説得力があり、またそれは商売だけでなく人が生きていくのに必要なことではないかと思います。

このように言葉を大切にされている先生から、私に『闘智』という言葉をいただきました。

闘智とは知恵くらべをする、才知をたたかわすとあり、説明には無用なたたかいはせず「和の戦略」を重んじ相手を見切り仲間のために闘えと記されていました。

むやみやたら拳を振るうのではなく、より効果的で合理的なたたかい方を見出し、それを用いて目標へと突き進めると、今でも事あるごとにすぐに頭に浮かびます。

そしてこの〝たたかう〟という読み方、これも、

「成人さんはまだ一人で〝闘っている〟けども、京都に帰れば社員、そしてその家族の生活を守るために、皆と力を合わせて〝戦う〟んだよ」

と〝闘〟と〝戦〟読み方は同じでも意味の違う二つの漢字を用いて自分一人で困難と闘うのではなく、皆の為に、皆と力を合わせ戦うようにと先生ならではの解説をいただきました。

一人の力は限界があるが色んな方々の知恵や力をお借りしてこそ良いコトモノができる。

その通りで今も社内外でたくさんの方々に助けられています。

助け合い「ありがとう」がお客さま、仕入れ先など遠く巡り巡って自分に返ってくるような〝サンクスサーキット〟の精神を持ちなさい、とおっしゃっていました。

人は1人で生きているわけではなく周りの環境が整ってはじめて良い仕事ができます。

環境が整っていることを当たり前と思うのではなく〝ありがとう〟と〝ごめんなさい〟この2つをちゃんと伝えられるよう、常に心がけています。

周囲が京都に戻ったらボクシングは辞めるべきと皆が言っている中、常日頃から唯一、先生だけは、

「青春、魂を燃やしたボクシングをなんらかの形でいいから続けなさい、13歳からボクシングを始め、人生の半分以上をボクシングと共に歩んできた成人さんにとってボクシングは人生の一部。あって当たり前、人生の一部である、そんな大きなものを捨てるなんてとんでもない」

とおっしゃってくださいました。

京都に戻り、落ち着くまでの1年半はボクシングから離

れていましたが、また指導をしたり負担の無い程度に自分で練習に通うようになり、そこで現役時代では気付かなかことや新たに経験し思うことも多くあり、それもまた新たな考え方となり自社業、人生の糧になっています。

またこうでなければいけない、こうであるべき（ＭＵＳＴ）という考えに縛られるのではなく、こうであったらいいな、こうであってほしい（ＷＩＳＨ）という自分を追い込まない柔軟な考え方にも救われました。

心が痛いお話でもあるのですが、先生は、

「僕はこう見えて実はせっかちで気性が荒い。しかし早く花を咲かせたいといくら水をやって手入れしても花が咲くのは花の成長次第、やきもきせず、のんびり綺麗な花が咲くのを待ちましょう。いつの日か、大輪の花を咲かせる日が来ることが楽しみだよ」

と微笑みおっしゃいました。

これはもしや私の成長が遅い事をおっしゃっているのでは・・・と思いました。

当時、私はお弟子さんの中で成長遅い方でしたので・・・。

それも含め、こうでなければならないという考えに縛られるのではなくもっとリラックスして物事を考えることで肩の力が抜け、より良いアイデアが生まれます。

本当の目的は何なんなのか？

目的に対しての選択できる手段、その手段が目的になってしまっていないか？

手段に固執するのではなく本来の目的を見失わない事の大切さを教わりました。

先生と「子供の幸せとは？」というお話をしたことがあります。

それは子供が一流大学に入ることでもなく、お金に困らない不自由な生活をする事など自分基準の幸せではなく、子供が思う幸せな生活を送る事だとおっしゃいました。

そして子供の幸せな姿を見て自分も幸せになれると。

時代とともに価値観が変わっても人には幸せでありたいという目的があり、そしてその手段のひとつに長生きがある。

とはいえ長生きしても、楽しいことも無かったり見届けたい未来が無かったり病気を患いながら生きるのでは意味がなく、幸せである人生を歩むことのひとつに健康という手段があるだけのこと。

幸せをテーマに目的と手段を間違えず本来の目的を明確にしてそれに進んでいくことの大切さも学ばせていただきました。

ゴールがあるのならば一本道なのか分岐点がどれくらいあるのか？

ゴールまでの道のり、徒歩なのか？

走るのか？

車なのか？

などの移動手段、天候など環境条件も含め、こうである、こうでなければと固執せず柔軟に、

「こうであったらいいな」

「これがこうならこうしていこう」

という柔軟な考えを常に持ち続けることを心がけています。

先生の考え方はユーモアがあり、もし皆が見ている前で道で転んだらどうするか？　という質問に、

「転んで恥ずかしいとそそくさ立ち上がるのではなく、どうせ転んだなら空が綺麗だなとそのまま寝転び空を見上げ昼寝するか小銭が落ちてないか探す」

とニッコリ笑いおっしゃっていました。

これは起こってしまった状況を悔やむのではなく、その状況からの最善を見出し焦らず力まず余裕をもって次を考えましょうと、どんな時も視野を広く希望をもつこと、その状況からのベストを尽くすことを教えてくださいました。

そして常々、知らないことを知る好奇心を持ち様々な疑問「？」を知ること、それを知り浮かぶアイデア「！」知的好奇心を持つこととおっしゃっていただきました。

晩年、病魔に侵され、徐々に痩せられ、しんどそうな顔を垣間見ることもありましたが向き合えばそんな姿を見せることなく本当にご病気されているのか？　と思ってしまうくらいニコニコされていました。

それは先生の気遣いであり私に心配させまいと思う強さでもあったのかなとお思います。

人は意思、気概により、強くも弱くもなれます。100％完全に強い人、弱い人はおらず、必ず1％の強さ、弱さを持っており、誰かがいるから強くなれる。

逆も然り、甘えることで弱くもなれる。

私の存在が先生の振る舞いに影響していたのかもしれないと振り返ることもありました。

とうとう京都に帰る前、先生に「先生に教わった考え方のおかげで胸を張って京都に帰れます」とお礼をしたら先生は、

「なにを言っているんだい、僕は成人さんの内に秘めたものを引き出しただけだよ」

と仏像彫師の逸話をしてくださいました。

「見事な仏像を彫るのは、うまく仏像を彫るのではなく木の中におられる仏様の周りにある余計なものを削り仏様が姿を現しているだけで巧く彫っているのではない。僕は成人さんの周りにあるもの削っただけ、元は成人さんの持っている資質だよ」

とのことでした。

新しく何かを作るのではなく、すでにあるものをより洗練されたものにしていく。

先生は僕が元々、持っている物事の捉え方、考え方をより明確な答えへと導けるようにしてくださったとのことでした。

〝すでにあるものを十二分に活かす〟

もしこのような考え方ではなかったら僕は経営者としてスタートも遅く、目立って経営に役立つようなそのような勉強もしてこなかったので自分を否定するような窮屈な考え方で苦しんでいたことでしょう。

私はまだ先生が導いてくださったことを100％発揮できるほどの域に、まだまだ達しておりませんし、そんな素晴らしいものが実際あるとは未だに思えずそんな実感はないのですが、先生ほどの方にそうおっしゃっていただいたことが自分の自信です。と同時にそれほどまでのお言葉をいただいたことに恥じぬよう謙虚な気持ちと努力を忘れず一生懸命生きることでこの先、必ず未来に活かされると確信しています。

京都に戻り、メールやお電話でご連絡していましたが、ずっと私が京都に帰りどうなったかなと心配してくださっていたそうです。

しばらくして先生のご容態が悪くなられたと報せをいただき、すぐ藤沢にお見舞いに駆け付けた時、いつも気丈に振る舞われていた分、更に痩せ細られ病床に伏す先生とお会いしてショックを受けました。

相当しんどそうに見えた先生でしたが近況を報告すると、

「ちょっと見ない間に立派になったね、一安心だ」

と弱々しくも微笑みながらおっしゃいました。

電話ではなく先生のお顔を見てお話したのはそれが最後でした。

お亡くなりになられた一報を受けても気丈な先生の姿ばかりが思い浮かび、なんとなく葬儀に参列するまで現実味もなく半信半疑でした。

それは私にとって精神的に先生という存在が絶大だったからではないかと思います。

そんな先生でもいつかは死ぬ、死ぬまでにどのような行動をし、何を遺していくのか？

先生は自らの身を持ってそれを教えてくださったのかもしれません。

先生は、

「天からの光を受けその反射光で輝く、自分を磨いていなければその光を受けて輝くことはできない」

とおっしゃっていました。

いつ天から光が射しても輝けるよう、今に甘んじず、常に自己研鑽し、私に関わる全ての方々と幸せな未来を築いていけるように、この先より一層精進して参りたいと思います。

先生はお亡くなりになられ10年以上経った今でも私にとって現在進行形で影響力を与えてくださる存在です。

私の頭の片隅には、先生が遺してくださった数々のエピソードがあります。

知らぬうちに導いていただいた考え方をなぞっていたり、そういや先生もこのようにおっしゃっていたなぁと思い出すことも少なくありませんが、全く同じではなく、私なりのアレンジ、私らしさであったり少し違ったものを打ち出している気がします。

それは先生と過ごさせていただいた日々で、答えを教えてくださるのではなく解き方を教えていただき、その解き方、考え方を元に自ら〝考え答えを出す〟という力を身に着けさせてくださったからではないかと思います。

多すぎて忘れているものもありますが不思議なものでふとした時、問題に直面した時に思い出すのです。

これは先生が霊界から信号を送ってくださっているのか？と思うくらいです。

今回、越護さんから寄稿のお話をいただき、書いている間にまた思い出してまとめられないくらい思い出しています。

このタイミングで再度、先生の教えを思い出し整理できたことも何か意味があると思っています。

この本、このページをお読みいただき先生について何か思っていただければ幸いです。

先生は一流企業の社長に接する時も、どこの馬の骨ともわからない私に対しても態度をまったく変えず同じように接してくださいました。

先生のようには到底なれないと思いますが私も同じように年齢関係なく謙虚に誰に対しても変わらぬ接し方、そして知らないことに対して知的好奇心を持ち、学びそれを活かしていこうと心がけています。

この先、私もどこかで同じようにどこの馬の骨かわからないが興味深い青年と出会う事があれば、導くなどという上から目線ではなく自らの成長の為にも先生と同じように友達として仲良くし、先生が導いてくださった問題の解き方＋自分の考え方を踏まえ頂いた恩を次の世代に返していく。

そしてそれがまたその次の世代へと良き連鎖がこの先も続くようにと願います。

先生を思い出す時、美味しそうに煙草を吸いながらコーヒーを飲みながら、

「おー久しぶりだね、元気にしていたかい？」

とニコニコされている姿が目に浮かびます。

当然、現世では叶わぬことですが夢でもいいのでお会いし色々なお話をしたいです。

もしあの世があるのならば地球の歴史から言えばすぐに僕もあちらに逝きます。

その時、少しでもたくさんの土産話ができるように先生との出会いに感謝し学ばせていただいたことを、この先も大切に日々精進し、自分だけでなく周りも幸せになれるようなより良い人生を送っていきたいと思います。

Talking about Hirono

7

Minoru Hirono
×
Yoshitaka Nakatani

年齢を超えた友情

広野のところによく訪れていた、私と同年代の大手広告代理店の中谷さんは、広野のことをちゃかすような発言をするので、私はいつも勝手にピリピリしていました。

馴れ馴れしい態度の彼にある日、苦言してしまったことがあります。

「先生に対する態度がちょっと悪いですよね」

そのとき、広野はくすっとしながらこう言ったのです。

「いやいや彼は私にじゃれているんだよ。じゃれるのは信頼関係があるから。戯れるというのは、最も高度なコミュニケーション能力です。でも、私に気を使ってくれて、ありがとう。嬉しいですね」

その後、お二人は彼が広告代理店の新入社員時代からの長いおつき合いで、戦友だと知りました。

そして、様々なお二人での武勇伝や、多くの珍道中などをお聞きし、自分が恥ずかしくなったことを覚えています。

年が離れていても、お二人の関係はなんて素敵なのだろうと羨ましく思ったものです。年齢を超えた友情というか、まさにドラマの相棒のようで、とても眩しく感じました。

彼は最後の最後まで、広野のことを「オヤジ」と呼んでいました。

「オヤジ」と呼ぶのは、中谷さん以外いません。

広野さんの記憶

博報堂DYホールディングスおよび博報堂
取締役常務執行役員（2019年7月寄稿時）
博報堂 中谷 吉孝

広野さんが亡くなって10年ほどが経った。

あっという間に10年が過ぎ去った。

広野さんといろいろなテーマについて一緒に研究したり、アドバイスをもらったり、時には得意先業務を手伝ってもらったりをして、20年余り付き合ってもらった。僕が30歳になるかならないかの頃から50歳になる頃までだと思う。

ただ僕は記憶力が弱いので、ほとんどは忘却の彼方にいってしまった。また特に記録もつけていないので、覚えていることも断片的で曖昧だ。また記憶の誤りもおおいと思う。

広野さんはとても読書家で特に心理学や教育学、そして戦争論系に造詣が深かった。そしてクルマのメカニズムなど機械工学的なものへの興味も旺盛だった。この4つを基礎に、心理学は価値の設計に、教育学は人材育成に、戦争論はマーケティング戦略構築に、機械工学的興味は新製品開発に、それぞれ生かされていたように思う。広野さんは、OASYSとその親指シフトキーを愛用し、いつもなにかを調べ、書き、説明していた。その周りには、いろいろな人が集まり、一種の広野塾的な雰囲気を醸し出していた。

「中谷君、美ってなんだと君は考える？」的な質問を、出し抜けにぶつけてきて、僕が適当に回答すると、既に作成していたペーパーを取り出し、美の語源、類語、熟語、外国語での相当語とのその類語、熟語などを書き抜いたもの、そしてそれらから広野さんが分析し構造化した美の類型を説明してくれ、さらにその構造化に役立てた本（たとえば『美は世界を救う』など）を示し、僕にも読んでみろと勧めてくれた。正直、僕はその説明や構造化を腹落ちして受け入れ使うことはほとんどなかった。

しかし、その努力と、喜んで調べ考えている姿勢、しかもそれをマーケティング・コンサルテーションという仕事でお金にしていることに、とても感銘を受けていた。

「仕事でも、きちんと研究し、自分なりの論を持ってもいいのだ！」という勇気をもらったのだ。

広野さんには面白い論や方法論が数々ある。

COM法、4品質論、美論、自動車マーケティング論、生活インフラ論などなど。発想のボキャブラリーの独特さと豊富さには驚かされた。こういうことを考え、調べ、読み、書き、説明するのが本当に好きだったのだと思う。ある意味で仕事が大好きだったんだろうと思う。

仕事はなるべく時間をかけたくないたちの僕だったので、広野さんの「仕事への熱」には、正直辟易した面もある。広野さんから、冗談交じりで、「君がこちらに来てくれたらな」とも何回か言われた記憶もあるが、丁重にお断りした。教育パパと四六時中一緒では、僕の個性や発想が生きないことは分かっていたからだ。

広野さんは、ある意味、頑固だった。自分の一度立てた論や手法については、絶対に譲ることも修正することもなかった。論としても手法としても、広野さんは徹底して調べ考えたものなので、修正の必要性を認めなかったのだろうと思う。

実は、ここに僕が広野さんに感じた違和感の根っこがある。論は実務を進めるためにある。実務は環境の中で、また得意先ごとに異なり変化する。論が道具であるならば、道具である論も変化する必要がある。

そういう考え方をする僕には、広野さんの論をそのまま使うことができなかった。不肖の弟子である。

広野さんとの出会い

広野さんとの出会いは、僕の会社の先輩が広野さんのセミナーに行き、面白い人がいるよと連れてきてくれたことがきっかけだ。

新製品開発に関するテーマで、顔合わせをしたと思う。先輩・後輩は、広野さんの強烈な個性に当てられ、退散した。僕は今まであったことのないそのキャラクターと考え方に興味を持った。15歳と年が離れていたのも幸いしたと思う。

当時の局長はある種、僕の教育費用として広野さんとの研究やプロジェクトを考えていた節がある。実際、特に大きな成果は出せなかった。広野さんは大阪に半分本拠があったので、弊社の大阪支社長に紹介することとなった。当日、新幹線が止まり、会見の時間に間に合わなかった。

広野さんは怒り心頭だった。支社長に軽く扱われたと感じてしまったようだった。その夜は、大阪の広野さんの得意先たちの間に入り、僕は一晩中何回も土下座していた。

広野さんは、自分の商品価値をとても大切にする。独立コンサルタントとして、軽くみられないように常に立ち居振る舞いを考えていた。まだ広野さんも現役で血気盛んな時期だった。自分の知り合いの経営者に話して、弊社との取引をさせないようにするとかいろいろ言われた。

これには困った。今から考えれば、そんなことで扱いの飛ぶわけもないのだが、当時は会社に迷惑をかけてはいけないと思い、ひたすら謝り続けた。

上司の局長は、それを聞き、もう広野さんとは付き合わなくていいといってくれた。僕は、まだ広野さんから吸収できるものがあるので、しばらくつき合わさせてほしいといい、認めてもらった。

広野さんは、なぜだか僕を許してくれ、大阪の異業種交流会に参加するようにと言ってきた。

月に一日、大阪に金曜日に出張し、大阪の得意先の偉い人たちの話を聞くのは、それなりに面白かった。

親しくなる中で、代理店やコンサルタントをどのように見ているのかもわかり、参考になった。セコムの名張の寮に招待され、みんなで行ったこともあった。

そんな感じで付き合っているうちに、広野さんが60歳の還暦を迎え（ということは、僕は45歳のはず）、大阪を引き払い、東京の大伝馬町に事務所を開いた。自分の開発し習得した知識とノウハウを、中小企業の人たちに伝えておきたいということで、教室形式の広い事務所だった。

ロゼッタ構想といっただろうか、広野さんの知のシートを1枚100円くらいの安い値段で切り売りするというようなことも考えていた。大伝馬町の近くの会社の人がふらっと立ち寄り相談してくるというような夢を語っていた。広野さんも灰汁が抜けて、自分の知的遺産を残したくなったのだなと思った。

よく遊びにいって、話をした。会合にも招かれ、参加した。広野さんとの付き合いの中で、一番楽しい時間だった。

東京での異業種交流会もこのころだったかその前だったかはっきりしないが、こちらの事務局もやった。

しばらくして、今度は事務所を京橋に移した。

八重洲ブックセンターのすぐ後ろあたりで、ここにも大きな教室があり、家賃が100万円だと聞いた記憶がある。もう一度、現役に戻って頑張るんだということだった。

大伝馬町の事務所の後半に、花城響子さんが登場した。長身で華やかな美人だった。副社長というので、びっくりした。花城さんは、もちろん京橋に移っても、そのまま副社長だった。九州で化粧品の会社を立ち上げたとか聞いた。その参謀役を広野さんがやっているようだった。

数年すると、事務所を引き払って、品川の小さなマンションの一室にオフィスを構えるとのことで、本の整理を手伝ってほしいとの連絡を受けた。

　行ってみると、自宅からもってきた膨大な蔵書が書棚に並んでいたのを、捨てる／持って行く／人にあげると振り分けていて、僕にもたくさんくれると云う。正直、自分の蔵書で一杯なのでこまったが、断るわけにもいかないので、送ってもらった。

　品川の事務所は手狭で、狭いダイニングテーブルには6人も座れば満杯。それでも広野さんを先生と慕ってくる人々とよく出会った。当時、僕の勤めている会社は田町にあったので、すぐに遊びに来れた。いくつかプロジェクトやら得意先仕事やらを手伝ってもらい、たいした額ではないが、少しは足しにしてもらった。

　京橋のころからだっただろうか、広野さんは歯が抜けてしまって、歯茎で食べていたような気がするが、品川時代にはまったく前歯がなくなっていた。

　広野さんは神戸で育ったらしい。お父様お母様は美男美女で、おしゃれだったらしい。そういう話をしてくれた。

　広野さんは、ひざを曲げずに歩き、意気揚々と背広を肩にかけ歩く。僕にはいなせな旅がらすが格好つけて歩いているようで、いつも笑ってしまった。

　なんでそんな歩き方するんですかと聞いたことがあったが、答えは、父親にそうしろと言われたからだということだった。ひざを曲げず、背筋を張って歩けという教えだそうだ。

　広野さんが変わっているのは、親が面白い人だからかとか、一人合点したものだった。お母様は、宝塚で女優の卵だったとか、そんな話を聞いた気がする（自信はない）。

　ただ、広野さんの周りには、常に、すこし謎めいた背の高い女性がいた。大阪でもそうだったし、花城さんがまさにそうだ。僕は、マザコンのせいで、女優めいた人が好みなのかなと思ったりした。

　広野さんはダンディであることを常に心がけていたように思う。今言った歩き方はもとより、飲み方、遊び方、話の仕方などなど、ちょっと普通のサラリーマンにはない独特の美学があった。

　大阪のキタやミナミで歩いていると、店のママから寄っていってよと言われると、あまり断らず、とりあえず一杯のむという感じだった。同時にうるさい客で、店の女の子たちが、まだ客が来ないので、ソファに座っていたら、「そこは客が座る場所だ、君たちが座る場所じゃない！」と一喝したりするタイプの客だった。

　プライドが高くはったり屋でなんでも知ってる教師みたいなタイプに思われる反面、妙に細心で用心深い点もあり、親切で情にもろい面もあった。複雑な性格の人だった。

人のことは言えないが、広野さんの奥さんはおそらく大物だろうと勝手に思っていた。

広野さんという存在

僕には、血のつながらない小父さんみたいな存在だった。ほかの人のように広野さんを「先生先生」とは僕は呼ばなかった。常に「広野さん」と呼んでいた（呼ばれて講演する時には「広野先生」と言いましたが…）。

品川時代に、ある人から「なぜ先生と呼ばないのか」と詰問され、びっくりしたことがあった。

余計な御世話だと思ったら、広野さんが、「彼はいいんだよ。昔からの知り合いだから」と言ってくれた。

まあ、しかし、そういう問題ではない。弊社では社長でも〇〇さんと呼ぶのが普通。立場や関係性を持ちこんだ瞬間に、人間同士の対等の関係性は壊れると思っているからだ。もちろん、僕も金の来る方に向かっては頭を下げ、敬語を使う。それだけだ。

組織に属さず、独立独歩で生きることは相当に難しい。でもその道を広野さんは歩み続けた。

組織に常に属してきた僕には、とても考えられない。しかし、組織の矛盾や硬直性を感じるとき、広野さんの独立独歩の生き方を思い浮かべることは、一服の清涼剤となる。

広野さんにもらったA４の出力が何束も家の書庫に並んでいる。プラニングやコンサルテーションから遠ざかった自分には、もう手に取ることもないものだ。広野さんの残したノウハウは、広野さんという生身の存在があってこそ、活用できるものだと僕は思う。

広野さんが自分で工夫して考案したノウハウの骸骨がペーパーに残っていると思う。僕には僕のノウハウがあり、借り物のノウハウを使う気はしない。でも勉強はさせてもらった。

今、自分は会社の経営陣の一員として、激しい変化の中で様々な手を打っている。新しい組織を立ち上げ、新会社を作り、大きな会社とJVを作り、ベンチャーと技術提携をし、うまくいったり、足踏みしていたり、失望したり、喜んだり。

そこに広野さんの具体的なノウハウはなにも生きてはいないかもしれない。しかし、広野さんという生き方、つまり独立独歩で問題の本質を洞察し構造化して解を探り、誇りの持てる仕事をするという生き方は、今でも自分の中に生きていると思う。

Talking about Hirono

8

Minoru Hirono × Yoshihiro Yuda

初めての地域活性化の仕事で響き合った二人

広野の病気が判明する直前、最後の仕事になった福島県南会津町へは、病状悪化しながらも通った、広野にとって初めての地域（行政）の仕事でした。

かつて私が福島県のある大きな行政の事業に参加していたとき、南会津町の町長をされていた当時の湯田さんは事業遂行のために多大なるお力添えを頂き、大変お世話になった方です。「響き合うヒトコトモノ」を大事にされ、積極的に人との出会いを重ね、学ぶ姿勢の美しい珍しい首長さんでした。

その頃から「いつか広野にお引き合わせしたい」と思っていたのです。

そして、少し時が流れ、あるタイミングもあり、とんとんとお引き合わせの運びが可能になり、あっという間に響き合ったお二人は話が進み、広野はなんと「南会津町に政策室を作りましょう」という提案をし、それを湯田さんは速攻快諾、実現化していったのです。

そのスピードといったら。議会も通さなくてはならない案件だったはずです。まさに首長の鏡のような行動力と意志力です。

初めて地域の仕事をすることになった広野は息もつけないほど次から次へと提案し、それを湯田さんが咀嚼し、実践していく。

そんなお二人を見ていると「なんて素晴らしいコンビなんだろう」とドラマを見ているようでした。

広野穣先生とのご縁で花ひらいた南会津町

元南会津町長
湯田　芳博

広野穣先生が、南会津町の政策顧問に就任されたのは、平成二十年十月三日である。

映画『春色のスープ』の制作プロデューサー越護啓子氏が南会津町を訪れた事が縁の始まりでした。

私は、越護啓子氏に誘われて、東京は品川の（株）ライジング社を訪ねました。

片田舎の町長が商品開発の達人に会うのです。果たして、南会津町のまちづくり事業に参画して頂けるものか不安は募るばかりです。

恐る恐る、広野オフィスに足を踏み入れて見れば、今まさに、企画に向けたコンセプト談義の真最中、四人の勇士（当時、本当に勇ましく思えたのです）が真剣に向き合っています。

私は、この状況が終了するまで待つ事になるだろうと後方に控えていました。

すると、いきなり、南会津から町長が来たので意見を聞いてみようと、談義の仲間入りを求められたのです。

驚きました。

しかし、驚きはすぐに消えてしまう空気が生まれます。立て続けに質問が飛び交い、まるで最初から、メンバーの一人のような扱いです。

私にも覚悟が生まれました。

「商品開発だろうが、町づくりだろうが、大きな違いなど無い」と腹を括ったのでした。

私は、促されるままに席を移し、先客の仲間入りを果たし、これまで考え続けてきた活力ある、町づくりへの想いを正直に話して行きました。

すると、広野先生が、話に割って入って、こう言いました。

「やりましょう、初めての仕事を！　南会津町の行政に関わりましょう」と。

私は、完全に試されたのでした。私はこれまでとはひと味違う時間、不思議な落ち着き処を発見することが出来たのでした。

凄い、このような感銘を瞬時に与えられる方を町に迎えられる喜びは、私の人生の宝物と、一人笑んでいたのを覚えています。

そして、このご縁には、スピード感があった。

南会津町では、町づくりの実効性を高めるために、「町長直轄政策室」と言う部署を設置していたので、即座に「政策顧問」に推挙し議会の承認を取り付けました。

政策顧問には退官した国の官僚にも御就任頂き、二人体制でスタートしました。

広野先生は「行政に携わる私の仕事は、これが最初で最後だろう」と言い切り、町づくりテーマを『小さな町の大きな挑戦』とされました。

私は、町長就任前から、町づくり構想を温めてきましたが、そのスローガンは『小さな町の一流品』でしたので、広野先生に心を見透かされているようでしたが、気分は上々でした。

これが、平成二十年十月三日就任当日の出来事です。

広野穰先生の提案は、やる気満々の職員達の事務能力によって、予想を超える速さで進んで行きます。

『小さな町の大きな挑戦』プロジェクトでは実行課題を次の様に絞り込む。

一、トマトを使った特産品の開発
二、特産品と文化のお土産セット開発
三、大人の学校創設
四、言葉の力・学習塾の開校

以上四項目に決めた。

先ず一つ目の項目『トマトを使った特産品の開発』を振り返ってみると、「おーいお茶」で有名な伊藤園に、お伺いしたところから始まります。

広野穰先生に導かれ、越護啓子さんに支えられての訪問は、いきなり常務室でした。

伊藤園では、ミニトマトの缶ジュースを作るための企画が進んでいたようです。

一方我が南会津町では、国民年金受給者の経済不安を解消したいと農業生産活動を通じた、副収入の道を模索していました。

一人当たり、月三万円の収入を得て、高齢者ご自身の生活力向上と仲間と楽しむ趣味活動、そして、時折訪れる可愛い孫達へのお小遣いにとささやかだが充実した人生を味わって貰うことを夢見ていたのです。

販売する喜びと、楽しみが広がる暮らしの創造に関係者達は期待に胸ふくらませていました。しかし、具体的な道筋は未だ見えていません。

このことを、私は当時常務でおられた杜さんに語りかけました。

すると杜さんが、同席していた担当部長さんに「これで行こう」「これに決めよう」「当面の生産目標を三トンに定める」と即決された事で、南会津町での「ミニトマトジュースづくり」がスタートしたのです。

この間、僅か三十分足らずだったと記憶しています。有り難い、本当に有り難くて何とお礼を申し上げて良いやらと、固い握手を交わしました。

南会津町は、旧田島町・旧南郷村・旧伊南村・旧舘岩村の一町三村が合併した町です。町では、有機農業を目指し、「いきいき健康農業推進員」制度をつくり、農薬や化学肥料に頼らない農産物の生産を推進してきたところですが、中でも荒海地区籐生集落に住む元気な高齢者が積極的に取り組んでいましたので、この集落を、伊藤園用「ミニトマトの栽培拠点と位置づけました。

南会津町では、平成二十年六月から、「いきいき健康農業推進員」制度がスタートしていて、非常勤特別職の馬場浩氏が、慣行農法から有機農法への転換を図るため、各集落の生産者を精力的に巡回し、プロジェクトを動かし始めていたところでした。

しかし、将来のことを考えると明らかに規模が小さいのです。

そこで、いきなり有機栽培と言っても、転換に抵抗のある高齢者向けにと、翌年から、いきいき健康農業推進員を二人体制にして、ミニトマト栽培推奨事業を平行させる事となりました。

そこでは、生産量に応じて高齢者を表彰することにし「生産販売通帳」を渡す事になるのです。

次は二つ目の項目『特産品と文化のお土産セット開発』についてです。

実は南会津町が出資する第三セクター「みなみやま観光株式会社」には資源開発部があり、有用資源の掘り起こしを始めていたので、ここに拠点を置いて行動することにしました。

それにつけても、文化を商品化する提案には、関係者の戸惑いも大きく、第三セクターの社長を含めた幹部と広野穣先生の面談が、一ヶ月後の来町に併せて、設定されることになるのです。

このようにプログラムが形を成して行く課程でも、更に新たな提案が届きます。それが職員研修です。

テーマは「よいサービスとは?」でしたが、この日常的で意義深い研修には、驚くことに、五十人名の職員が手を挙げたのです。自分たちの職場を住民（お客様）目線で見直し始めたのです。

七つのグループが①ハンディキャップ（障害）を持つ方②高齢者③若い女性④高校生⑤中学生⑥小学生⑦妊産婦の視点から、よりよいサービスを探りだし、当たり前と捉えてきた事への決めつけに気づいて行くのでした。

そして何と四十項目の、お金の掛からない改善案が町長の元に届いたのです。

素晴らしい。品格と度量を備えた一人の指導者の存在が如何に力を持つかを目の当りにする瞬間でした。

物事の本質を如何に捉え、関係性をつくり、言葉を響かせて心を揺さぶり、能力の花がひらいて行くのでしょう。流石にと脱帽した記憶が甦ってきます。

そして三つ目の項目『校門なき学び舎・大人の学校創設』は、兼ねてより私が最も大事に温めてきた政策の一つです。

私が知り得る狭い領域に限っての話ですが、社会人と目される大人達は学校教育を終えると、一様に「学び」の世界を遠ざけ、思考時間を極端に少なくしてしまう傾向にあり、私の心配の種でありましたから、この分野の取り組みはグッドタイミンと大歓迎することになりました。

大人が学ぶカリキュラムを考える楽しさや、学び進めたその先に見えてくる喜びに胸を弾ませた時間ではあったようでしたが、「果たして、参加者はいるだろうか」との不安がいつも心に潜んでいた様に感じていました。

それでも母親を中心とした「親学」が始まりを告げてきましたので嬉しく思いながら、最も手掛けたかった、若者の自己表現力育成は次の段階に持ち越す事になるが、それもやむを得ないだろうと判断し、胸の奥に仕舞い込んだのです。

そして最後に、四つ目の項目『言葉の力・学習塾の開校』です。

このテーマは想像するに、広野穣先生が最も心血を注ぎ、行政ならではの成果を導き出そうと考えていたのではないかと、直感で思いました。

なぜなら「家庭崩壊や学校崩壊」に端を発する狭い価値観の決めつけや蔑視が、人格を傷つけ、「俺が、私が」の個人主義からか、当たり前の様な感覚で無秩序な犯罪行為が行なわれる現代の日本社会、寄り添いや支え合いの集落形成は、日本古来の「和の精神」文化でしたが、もはや陰を潜めているように思えてならないのです。

そしてその根源は、日常の会話や思考の慣例化に起因するものと、私なりに確信を持っていたからです。

私の想いと平行する形で『言葉の力・学習塾』は開校されて行きます。

ここで、少しの時間、広野穣講座「南会津町『言葉の力』で国民総幸福度・日本一への挑戦！」にお付き合い頂けましたら有り難く思います。

一つ『言葉は生きる（糧）テーマを創る』は地域活性に通じ、二つ『言葉は身体を癒すスイッチとなる』は健康・医療につながり、三つ『言葉は未来の幸せを継続化する』は子育て支援へと展開すると、コンセプトが定まって行く。

「世代間コミュニケーション」の格差や「うつ」等の人間関係病、不安感が社会を覆い始め、不景気による先の見通し不安も私たちが今まで経験したことがない規模に広がりつつあります。

「心の風邪」と言われた〈うつ〉病などは、最近では「心の肺炎」に進行し「職場うつ」の増加は予測をはるかに超えています。

メンタルヘルスが仕事の生産性に与える影響を認識し、取り組みを始めている企業を尻目に、「八人に一人が〈うつ〉病」あるいは「国民の三人に一人が『心の健康』を損なうなど、不安を抱えながら日々過ごしている」などとも言われている異常事態です。

家族間・世代間・性別を問わず〈うつ〉病などのメンタル不全は地域社会に深刻な影を落としているのが現状ですが、鍵を握るのは『心の健康』です。「心の元気」は「関係の元気」とも言い換えられるほど、人間関係が『心』に及ぼす影響は未だ計りしれません。

「心の元気を創り出す人間関係」。

その関係を創り出すのは『言葉』です。

実は職場の中や地域の中に「心の病」を引き起こす要因として、「上司と部下」あるいは「友人同士」などに於けるミスコミュニケーションが至るところに存在し、職場の生産性の低下や地域の人間関係の不具合につながっています。

そして多くの原因は、相手を傷つける不用意な『言葉』が病原菌となっているのです。

傷んだ心では社会に役立つことなど出来ません。いま、乾いた身体が水を欲しがるように、「不安感を取り除く」「前向きになれる」言葉が待たれています。「言葉」による「強い心の再生」は「強い経済の再生」につながります。

『経済は感情で動く』というキャッチコピーがございます。「感情」をつくるのは『言葉』です。

言葉の条件反射のメカニズムを理解し、過去の認識が変化すると未来への「テーマ」発見につながります。

心を成長させる「言葉の力」には「強い心と経済の再生」に向けた、未知なる可能性が含まれているのです。

以上が今から十数年前の広野穣先生による講義「南会津町『言葉の力』で国民総幸福度・日本一への挑戦！」の要旨です。

思い起こせば、当時の南会津町には、貢献の志が高い、役場職員や現状を的確に分析し、可能思考で行動する町民有志がいたのです。

時の有志達を紹介することにします。

町長直轄政策室長宍戸英樹氏（当時）は、緻密にして懐が深く、状況認識を的確に捉える能力者であり、『小さな町の大きな挑戦』プロジェクトの中心的存在でした。

役場職員でありながら、「いなＧＯ！」倶楽部を立ち上げて地域住民からの信頼を一身に受け、未来づくりを楽しむ星恵一氏や誠実で流れの源を見極める能力を発揮してくれた保健師の佐藤美千氏など沢山の職員に恵まれたものです。

一方民間からは、ＮＰＯ法人「はいっと」の理事を務める有賀伸一やたじまケーブルＴＶのスタッフ阿部徳子氏、そして伊南婦人会長（当時）の馬場二三子氏。彼らは広野穣先生から発せられる言葉の力に魅了されていたのでしょう、いつでも肯定的な行動に出て、まわりを明るく元気づけてくれていたようです。

そして、何を置いても忘れてならないのは、本プロジェクトの土台を果たしてくれた、事務局のメンバーです。

理解力に優れ、統合性に秀で、その行動力で、小さな成功体験を生み出す早さは、何とも心地よいものでした。

彼らの名は、当時企画観光課に席を置く、廣野友一郎氏、大桃英樹氏、小椋恵司氏の三名です。

勿論、今は思い出せないのですが、他にも多くの住民や職員がそれぞれに、多様な能力を、楽しさに乗せて表現していたと伝え聞いた事を覚えています。

現在、私は「愛twoランドみなみ」の代表をしています。

行政サービスの隙間を補う、細やかな助け合い事業に取り組んでいます。コンセプトは「自律供育型社会をめざして」です。

広野穣先生からの教えが私の血肉となっているかどうかは定かではありませんが、「ぷらっとフォームたていわ」・「ぷたっとフォームたじま」を立ち上げ、「天籟庵」では、個々の暮らし雑事相談に応じています。

人は、自然の法則を受容しながらも、絶えず開拓精神旺盛に豊かな暮らしを求め、与えられた人生を生き切るのでしょう。

そのような人生に共通する言葉を選ばせて頂くとすれば、次の言葉です。

人の一生は、「誰と、何処で、何を」するかに過ぎないもの。

しかし、これが如何に大事で、「人生の分かれ道」であるかを、「心身の充足感」を決定づける鍵となるかに、気づかなければならないのではないでしょうか。

有り難いことに私は、広野穣先生とのご縁を頂きました。

その出会い、教えの火種は燃え尽きることなく広がりを持ち、幾人もの「同朋」を迎えながら、心豊かに好日を重ねさせて頂いています。

これに勝る感謝はないと、至福の慶びをかみしめている一人です。

【広野穣プロフィール】

広野穣の経歴

1937年神戸市に生まれ。2009年没。

大阪市立大学文学部・心理学科卒。在籍中にプロコンサルタントへの道を選び、タキロン化学・早川電機2社で実務後20代で独立、マーケティングR&Dの専門コンサルタント会社、株式会社アーバン・マーケティングを設立。のちに、知のベンチャービジネス、株式会社ライフニックス社を設立。

昭和62年、日本初のコンピュータ・ネットワークによる人材銀行構想を公文教育研究会に提案し、脳HOW総合研究所を設立、取締役副社長に就任。

平成10年、株式会社ライジング社を設立。

産業心理学と語用論を統合した卓抜な言語技術を駆使して、数多くのヒット商品を開発し、開発者の人材育成に専念。

新商品開発とマーケティング戦略、システム開発者として大手大企業の焼酎・自動車・システムキッチン・レトルト食品・調味料・化粧品・菓子・清涼飲料水など、幅広い分野でロングランヒット商品の開発プロジェクトを「一業種一社」「組織ではなく、人」の信念にて支援。

独創的な新商品開発の方法論「COM」を開発し、数多くの消費財トップ・メーカーで新商品開発プロジェクトを指導。また、競争的マーケティング戦略を立案する標準手順「マトリックス戦略論のフォーマット」、弱者のための「ゲリラ戦略」論、グランド・デザインとグランド・ストラテジーの開発に画期的に新しい視点を提供して再構築する「構造化の理論」などを次々と開発し、代表的には家電・自動車産業のビッグ・ブランドで、スケールの大きな独創的マーケティング戦略プロジェクトを指導。

こうした豊富な事例研究に基づいて、さらには独自の方法論的な構築を行なって「独創性開発技術・創造的思考の技術」を開発、「独創性開発エンジン」「図形発想法」のプログラムとして標準化し、とくに技術者の創造性開発カリキュラムとして提供し高く評価されている。

特筆すべき最新の提案は「QSA」サイクル、または「Q」メソッドとして発表されている「創造的な問いの技術」であり、トップマネジメント・管理者・研究技術者・企画スタッフ・販売管理者などを対象とした「問題意識」研修のプログラムとして、導入企業が相次いでいる。かたわら、数多くの異業種交流活動を指導し、「新事業・新商品」開発研究会（東京・大阪）、「教育ソフトウェア革命」研究会、「考える技術」研究会などで座長を務める。

闘病しながらも積極的に言葉を用いてのカウンセリング開発に没頭し、言葉の用い方をカウンセリングする「言葉の心理カウンセラー」として大組織の言語病理を解明、社風変革プロジェクトの手法を確立した。

また、80冊に及ぶ著作物を出版している。

代表的なプロジェクト

◆マーケティング戦略指導　カゴメ・マツダ・オートラマ・松下電器・松下電工・象印マホービン・アサヒビール、シャディ、など。◆新商品開発プロジェクト　宝酒造・カゴメ・明治製菓・味の素・和光堂・日本航空・ブリジストン・資生堂・トミー・三菱鉛筆・松下冷器・松下電器・松下電工、など。◆新事業開発プロジェクト　クラボウ・日本軽金属・大成建設・NTTデータ通信・松下電工・ダイキン工業、など。◆技術者の独創性開発研修　三菱鉛筆・クボタ・東芝・理想科学工業・松下電器・松下電工・ダイキン工業、など。◆マーケティング開発・創造的管理者研修　カゴメ・JR東日本・サッポーロビール・東芝・ヤマギワ・ジャスコ・日本旅行・日本コロンビア・プラス・ユニー・三井生命・日本アジア航空・アサヒビール、ダイキン工業・フレスタ、など。◆専門機関への方法論の提供とプロジェクト指導　東急エージンシー・日本リサーチセンター・博報堂・三和総合研究所、など。

主な著書

「QSA」マネジメント革命」創樹社
「新商品開発への限りなき挑戦」KKロングセラーズ
「新商品開発の着眼発想」KKロングセラーズ
「コンサルティング発想の技術」KKロングセラーズ
「人と接する人の心理学・MUSTからWISHへ」ソーテック社
「時と遊ぶ」日刊工業新聞社
「ヒット企画が出せる本」産業能率大学出版部
「調査研究「企画書」原本ファイル」日刊工業新聞社
「松下電器の商品哲学」日刊工業新聞社
「新商品のアイディアBOX」ソーテック社
「トーラス独走す（訳）」プレジデント社
「創造的好奇心のすすめ」　ソーテック社
「感性の企画力」ソーテック社
「成功を呼び込む「脳HOW」カード」PHP研究所
「言葉によるアイディア開発」ソーテック社
「頭の整理学」ソーテック社
「戦略教育マニュアル」日本ビジネスレポート社
「戦略行動学」　マーケティング研究協会
「まだ商品は発想できる」日本経営出版会
「消費者の系列化」ダイヤモンド社
「商品開発戦略シナリオ」　かんき出版
「職場うつの正体」かんき出版
……他

おわりに　~無邪気にきゃっきゃと喜ぶ~

「あなたにワインを飲んで欲しいんだよ」

あれはもう今から15年ほど前のことになります。

末期ガンで入院する寸前の師から強い口調でそう言われたことを、今でも鮮明に覚えています――。


あの日、まだ明るいおやつ時、師は私をいつものイタリアンに誘ってくれました。

「ワインを飲みに行こう」

インテリジェンスでスマート、居合を長年されてきたせいか、70歳を超えてもなお姿勢は鉄の棒が入っているかのようにピンと伸びていて、オーダーのスーツをブリティッシュに着こなしていた師ですが、当時すでに食も喉を通らず、ましてアルコールなど飲める状態ではありませんでした。そのことを知っていた私は当然のように師のお誘いをお断りしました。

「ワインだなんてとんでもありません！　先生は早くお帰りになってお休みくださ い」

至極当たり前の対応で心から師の体調を心配してそうお断りしたのです。

すると、病に蝕まれた体のどこにそんな力強い声を発するチカラがあったのかと思うほど強い口調で師は言いました。

「あなたにワインを飲んで欲しいんだよ」

半ば叱りつけるように。

それは私が師のもとへ行き、弟子となってから初めて怒られた出来事でした。

その言葉に目を丸くして驚いた私は、慌ててすぐに師とともに事務所を出ました。

いつものイタリアンに着くと、師の姿を見た店のスタッフが「お痩せになりましたね」と声をかけてきます。

「ダイエットに成功したんだよ。体調は良好さ。老年ダイエット本を書こうか」

師は店のスタッフにそんな軽快なジョークを飛ばし、

「さ、いつもの。このお嬢さんが嬉しそうに飲む赤ワインを」

と言ってウインク。

もうその頃は病状が進み、悲しいほど体力がなくなっていた師ですが、そんなことなど微塵も感じさせない立ち居振る舞いで私をエスコートしてくださいました。

「大丈夫？　さすがに酔ったね」

お店から品川駅まで、薄暗くなった帰り道、足取りも弱々しい師の腕を支えようとすると、師は片方の手を私の手に添えて、逆に私を気遣う言葉をかけてくれたのです。

私一人がワイン1本飲む時間を一緒に過ごすことは、当時末期ガンで入院する寸前の師にとっては辛かったと思います。酒豪と豪語されていたご自分はグラス半分も飲めないほど弱っていたけれど、私の嬉々とした飲みっぷりを見ることで、ご自分が元気だった頃に戻ろうとしていたのかもしれません。自分が飲めずとも〝元気だったときの自分〟を奮い立たせようとしていたのでしょうか。

「あなたの嬉しそうにワインを飲む姿は、こちらまで嬉しくなるのです。喜ぶチカラはすぐに連鎖し勝手に伝達していきます。些細なことでも喜べることは、素晴らしいあなたの豊かな源泉ですね」

品川駅のホームで見送る私に、師はそう語ってくれました。

口調は穏やかでも、師から私への力強いメッセージでした。

それはきっと、師が私に伝えたい、そして繋げたいことだったのでしょう。

その答えに気づいたのが、あれから14年経ってから。

本書を執筆するにあたり、師の残してくれたA4サイズ2万枚という膨大な量の「知のノート」に目を通したことがきっかけです。

それは広野式言語で記された貴重な資料。

その中から出てきたのが――「越護啓子の出版企画書」。

題名は「喜力・ウイリングパワー」。

実は師は亡くなる前に私にこう告げていたのです。

「僕の著作本をあなたの言語で書き換えて出版しなさい」――と。

とはいえ私には師が書いた本を自分流の言語に書き換えることなどとうていできるはずもありません。どうしても執筆する気にならずに時間だけが過ぎ、15年以上が経ってしまいました。しかし、師が残してくれた「喜力」という言葉と再び出会ったことで、私の中に眠っていた何かが起動し始め、なんとなく〝書ける〟ように思えてきたのです。

それは根拠のない自信のようなもの。

間違いなく私の中で〝何か〟が動き出しました。師のノートに書かれていた「喜力」という言葉には、私を〝書く〟という行為に向かわせるパワーがありました。

今思えばそれは、この本で皆さんにお伝えしたかった「喜力」そのもの。「喜力」という言葉に触れた瞬間に、私の中でまさに喜力が発動し、〝本を書くチカラ〟が溢れ出してきたのです。

そもそも夢も目的も持たずに生きてきた自分が、還暦を過ぎてやっと自分の喜びの源泉に気づいたのは、本書を出版するという初めてのチャレンジに向き合うことができたお陰です。

何よりも嬉しかったのは、本を書くという行為を通じて、久しぶりに師との対話ができたことです。

弟子としてどれだけ劣等生だったかを思い知らされながら、長い時間をかけ悶々と原稿と向き合ってきましたが、そのプロセスこそが〝喜びの発見〟〝気力（喜力）充実の源泉〟を自覚する愛おしい大切な時間となりました。

執筆していく過程で、私自身が改めて感じたことや、それまで意識していなかったことに気づかされもしました。

「気力」とは「喜力」のパワーからこそ湧き上がってくるのだということも知りました。

〝喜力の源泉を見つける〟とは、まさに闇の中で、一筋の光を見つける希望なのだと知りました。

そして、〝喜力の源泉〟は誰もが気づくことができるのだと確信しました。

私の生きる源泉こそ「喜力」。

この喜ぶチカラを連鎖していくこと、多くの人たちに師から頂いた教えを、ご縁ある人たちに恩送りしていくこと。

私自身でいえば、この本を書いていく過程で頭が整理整頓されて、ようやく「喜力」の何たるかが薄っすらと感じられるようになった気がします。

……いえ、それでもまだ私自身が本書に書いてあることができているかというと、必ずしもそうではありません。

「あの人こんなこと書いてるけど、実際は違うじゃん」

「こんなこと書いてるけど、全然ダメじゃん」

おそらくそんな風に言われてしまうでしょう。

私は完璧な人間どころか、完璧にはほど遠いダメ人間。自分が一番足らないからこそ、師と出会って生涯のテーマを頂いた気がしています。

宮本武蔵の研究者でもあった師は、生前に何度か繰り返し、宮本武蔵の話をしてくれました。

「私は宮本武蔵のお師匠さんになりたいのです。あの五輪書を書くには〝あの武蔵だけでは不可能だったのでは〟と自分なりの研究です。幼少の頃から生涯の師匠がいたのではないかと仮説を立ててずっと調べてきました。そしてそれは自分なりの現在の確信なのです。ですから私は、その〝お師匠さん〟になりたいのです。自分の名前や存在も消えていって欲しい。私の弟子たちが社会で活躍し、お役に立つ人間として育っていることで満足なのです。あの世から眺めて、美味しいお酒を頂きながらね」

そう言って穏やかに微笑んでいた師。

その言葉は、数々のヒット商品を世に送り出し、自らは決して表に出ようとせず裏方に徹した、師の人生そのもののように感じます。

早いもので、師が72歳で亡くなってから14年。

「広野先生、今私は先生がニヤッと目を細めてくださるような人間に育っていますか？」

そちらの世で美味しいワインを飲みながら、劣等生の弟子だった私を眺めていてくださいますでしょうか……。

「喜んでいればいいのだよ。無邪気にきゃっきゃと」

生前にそう話していた師の言葉が今でも聞こえてくるようです。

そして、「諦めないでよくここに来たね。本当のあなたの人生はこれから始まるのですよ」という声も。

本書を書いていくうえで、改めてまだまだ自分自身の課題も多いことに気づかせていただきました。そして「問う」ことの大切さにも改めて気づきました。

「問う」ことは〝生きる〟ことです。

これからも私は問い続けて生きていくでしょう。

この本を書いたのは、私が〝できる〟人間だからではありません。むしろ誰よりもわかっていないからこそ、誰よりも「喜力とは」を問い続けさせられているのです。

おそらくこの本は、師が私に残してくれた宿題だったのでしょう。

だから皆さんも安心してください。この本を読んで「喜力」を知ったからといって、すぐにできるようなものではありません。少しずつ、ほんの少しずつ、自分の中に蓄えている喜力の源泉を探り当てればいいのです。

これからも私は「喜力」という〝生きるためのチカラ〟を日々感じながら生きていこう

と思います。そのためには、まだまだ私も成長しなければなりません。

きっとこれからの人生にも私が成長するための試練が待ち受けていることでしょう。

でもそれは私が生きていくために必要な強さを手に入れるためのプロセスなのだろうと思います。私はそんな未来に向かって、目標や夢を語るより、自分の生命の中にある希望を見失うことなく真っすぐに歩いていくだけ。ワクワクしてプルプル武者震いしながら。

今、何が本当で何が嘘なのかもわからない、不安と疑心暗鬼で混沌とした時代の真っ只中にいます。そんな世の中でどんなにまわりが冷たくギスギスしていたとしても、そのノイズに合わせるのではなく、目をつぶって自分の中の温かい存在を確認し、〝喜び〟に焦点を合わせることで、未来は善き方向に進んでいきます。

そうです。未来は自分で作るものなのです。

皆さんも、この本をきっかけに眠っている喜力のスイッチを入れてみてください。

何も難しいことはありません。

些細な出来事、小さな喜び、自分の意識をそちらに向けて、毎日小さな幸せを感じて生きていけばいいのです。

喜んでいればいいのです。無邪気にきゃっきゃと。

そうすれば自分の中にある喜力の源泉から喜びのチカラがどんどん溢れ出してきて、今まで気づかなかった目の前にある〝青い鳥〟に気づくはず。

「ああ、今日も一日幸せだった！　明日も楽しみ！」

一日を終える瞬間に、そう思えるようになることを願っています。

私もまだまだこれから。

これからも私は無邪気にきゃっきゃと喜んで、努力家より喜力家として、皆さんと一緒に喜びに溢れる人生を歩んでいきたいと思います。

師の言葉の解釈は、師を知る皆様とは違うかもしれません。未熟な私のその当時の身の丈での解釈です。その点をご理解頂ければ幸いです。

そして最後になりますが、本書を執筆するにあたりお力添えを頂いた皆様、そして広野穣先生への寄稿文をお寄せ頂いた関係者の皆様に、心より感謝の気持ちとお礼の言葉を贈らせて頂きたいと思います。

ありがとうございました――。

K E I K O　E C H I G O

越護啓子

生活共感プロデューサー

1958年8月12日　東京生まれ。母親が病弱で「死」というものが身近にあった幼少期から、自身の不安定な精神を抱えながら、母を喜ばすための人生を努めて来た。亡くなった後、子育て中地域活動に積極的に参加する。そこから自立した人生が始まりチャレンジが始まった。大きな失敗も体験し、挫折しているときに出会ったのが、マーケティング、商品開発の神様と言われていた広野穣先生。即日師事し未知な業界で鞄持ちから始めた40代後半。しかし、仕事の手法ではなく、人としての生き様を教えられ、今までの視点思考のあり方を見直す人生が始まった。広野式言語学と産業心理学を軸に、現在、商品開発企画から経営支援、人材育成を日本全国地方地域、国境離島にて実績多数。伊達家御典医の末裔。

（社）離島総合研究所ディレクター／杉野服飾大学非常勤講師／内閣府地域活性化伝道師／防災士・防災アドバイザー／日本人生哲学感情心理学会会員

誰もが秘めている『幸運体質』になるための凄いパワー

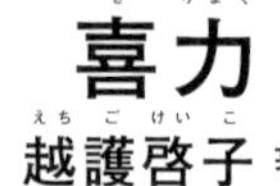

喜力

越護啓子 著

2023年5月23日　初版発行

発行者　磐﨑文彰
発行所　株式会社かざひの文庫
〒110-0002　東京都台東区上野桜木2-16-21
電話／FAX 03(6322)3231
e-mail : company@kazahinobunko.com
http://www.kazahinobunko.com

発売元　太陽出版
〒113-0033　東京都文京区本郷3-43-8-101
電話03(3814)0471　FAX 03(3814)2366
e-mail : info@taiyoshuppan.net
http://www.taiyoshuppan.net

印刷・製本　モリモト印刷

編集　鈴木実（21世紀BOX）
SPECIAL THANKS　MINORU HIRONO

装丁　BLUE DESIGN COMPANY
DTP　KM-Factory

ISBN978-4-86723-114-2